Christoph Keller

Gott – der Pädagoge

LIT

Gedruckt auf alterungsbeständigem Werkdruckpapier entsprechend
ANSI Z3948 DIN ISO 9706

Umschlagbild: Abschiedsrede an die Apostel (um 1308)
Duccio di Buoninsegna, Pappelholz, Siena Dommuseum

Bibliografische Information der Deutschen Nationalbibliothek
Die Deutsche Nationalbibliothek verzeichnet diese Publikation in der
Deutschen Nationalbibliografie; detaillierte bibliografische Daten sind
im Internet über http://dnb.d-nb.de abrufbar.

ISBN 978-3-8258-1164-8

© LIT VERLAG Dr. W. Hopf Berlin 2008
Auslieferung/Verlagskontakt:
Fresnostr. 2 48159 Münster
Tel. +49 (0)251–620320 Fax +49 (0)251–231972
e-Mail: lit@lit-verlag.de http://www.lit-verlag.de

Christoph Keller

Gott – der Pädagoge

Für

Eva-Maria und Matthias
Kreuz

Christoph Keller.

BIBEL KONKRET

herausgegeben von

Prof. P. Dr. Otto Wahl SDB
(Benediktbeuern)

Prof. Dr. Josef Wehrle
(Universität München)

Dr. Sven van Meegen
(Stuttgart)

Band 4

LIT

Vorwort

Dies ist kein Predigtbuch, obwohl es Predigern als Predigt-vorlage willkommen sein wird, schließlich haben die hier versammelten Essays alle Predigtcharakter.

Dies ist auch kein Sachbuch für Pädagogen, obwohl sie interessieren dürfte, was über die Pädagogik Gottes auszumachen ist, schließlich kann es ihre Arbeit nur bereichern.

Was ist dieses Buch dann? Es ist ein Lesebuch für jedermann, ein Überblick über die Erziehungspraxis Gottes, wie sie im Wort und im Werk Christi zu Tage getreten ist. In der Reihe „Bibel konkret" wird mit diesem Buch an Hand ausgewählter Evangelien die Pädagogik Gottes geschildert.

Dabei werden die Evangelien nicht für vorgefasste Erziehungsziele und -methoden verzweckt, sondern es wird umgekehrt das dem Wort und dem Werk Christi eigene pädagogische Profil herausgearbeitet, damit es in unsere Erziehungsziele und -methoden einfließen kann.

Die Darstellung bevorzugt, ohne deshalb unwissenschaftlich zu werden, eine lebhafte und anschauliche Sprache, eben die Sprache der Verkündigung. So wird das zu Sagende fasslicher und genießbarer als dies bei gravitätischer Gelehrtensprache der Fall wäre. Deshalb sind auch die fastnachtshalber einst in Reimform verfassten Stücke „naturbelassen".

Wenn man will, kann man dieses Buch als Mini-Moraltheologie nehmen und an seine Seite das in derselben Reihe erschienene „Alles will verstanden sein" als Mini-Dogmatik stellen.

Christoph Keller

2

Inhaltsverzeichnis

I. Die Grundlage

Als erstes muss man sich klar machen, was das A und O der Pädagogik Gottes ist: Es ist die Liebe. Sie ist, wie man auch sagen könnte, das Prinzip seiner Pädagogik. Sie ist in allem drin, was im einzelnen seine Pädagogik ausmacht; sie steckt im Wagen und im Warnen, im Herausfordern und im Vertrauen. Und weil sie es ist, die alle Maßnahmen und alle Empfehlungen Gottes generiert, ist sie es auch, die alles begründet, die selbst das uns Menschen Unverständliche logisch macht und die Art der Erziehung des Menschengeschlechts durch Gott weiterer Rechtfertigung enthebt.

Die Vorgaben, die Gott in seinem menschgewordenen Sohn Jesus Christus macht, sind für alle, die sich auf seine Botschaft berufen, bindend. Diese Bindung beraubt uns nicht unserer Handlungsfreiheit, sondern der Möglichkeit, seine Pädagogik von seiner Offenbarung abzutrennen, rein für sich zu behandeln, nur als ein, im Unterschied zu anderen, christlich imprägniertes Modell in den erziehungswissenschaftlichen Diskurs einzubringen. Gottes Pädagogik ist integrierender Bestandteil seiner Offenbarung. In ihr zeigt er sich selbst, legt er sich selbst aus. Deshalb ist seine Pädagogik mehr als ein Diskussionsbeitrag, sie ist Richtlinie, Firmenphilosophie, Glaubensgegenstand der Christenheit. Ohne sie kann man sich keine zutreffende Vorstellung von Gott machen, und an ihrer Umsetzung muss sich Christlichkeit messen lassen.

Gottes Pädagogik ist also formal Offenbarung, inhaltlich Liebe. Der Erweis ihres Geistes und ihrer Kraft ist in Jesus Christus erfolgt. Dass Gottes Pädagogik ge"bucht" ist, Buch geworden ist, hat zur Voraussetzung, dass Gottes Liebe Mensch geworden, in die Geschichte eingegangen ist. Die Bibel bringt kein pädagogisches System zur Darstellung, sondern erzählt von der in Jesus Christus unter uns wirksamen Liebe Gottes. Liebe ist Hingabe, erfahren wir. Sie ist nicht unter anderem Hingabe, sondern wesentlich Hingabe. Das Christentum ist keine neue Lehre, sondern neues Leben, hat Johann Michael Sailer gesagt. Das neue Leben, das Gott uns in Jesus Christus ermöglicht, steigt nicht vom Katheder zu uns herab, sondern vom Kreuz. Indem sich die Lebenshingabe seines Gesandten uns einpflanzt, wird Gott pädagogisch tätig.

Eine Darstellung der Pädagogik Gottes kann also nichts anderes sein als eine Aufgliederung des beispielgebenden Verhaltens und des weisunggebenden Wortes Jesu. Diese Aufgliederung muss nicht unbedingt so erfolgen, wie sie in den 10 Kapiteln dieses Büchleins erfolgt. Signifikant für die Pädagogik Gottes sind mehr Perikopen als hier behandelt werden, und die Einordnung der behandelten Perikopen kann man sich auch unter anderen Rubriken als den hier gewählten vorstellen. Wichtig ist die Auswertung der einzelnen Bibelstellen als Anhaltspunkte für das Verhalten, zu dem uns die unter uns erschienene Menschenfreundlichkeit Gottes erziehen will.

Nicht gesondert ist vom Handeln Gottes *durch* Jesus Christus und vom Handeln Gottes *an* Jesus Christus die Rede. Jesus Christus ist sowohl Subjekt als auch Objekt des pädagogischen Handelns Gottes. Insofern Jesus Christus in seiner Person eine vollständige menschliche und eine vollständige göttliche Natur vereinigt, ist er beides: Objekt und Subjekt der Pädagogik

Gottes. Für die Darstellung der Pädagogik Gottes ist also beides bedeutsam: dass die menschgewordene Ausgeburt Gottes – mit den Worten der Bibel gesprochen – „durch Leiden den Gehorsam gelernt" hat (Hebr 5,8) und zugleich der „Finger Gottes" ist, der die bösen Geister austreibt (Lk 11,20). Jesus Christus verkörpert den Lernenden wie den Lehrenden.

II. Die Elemente

1. Herausfordern

Rufbereit
Mt 25,1-13

Auch ein miserabler Autofahrer wie ich weiß, was ein Reservetank ist. Bevor serienmäßig die Tankanzeige eingebaut wurde, hatten die Autos einen Reservetank, und man war als Autofahrer froh darum. Sobald kein Sprit mehr kam, musste man nur einen Hebel umlegen, und das Auto konnte mit Benzin aus dem Reservetank weiterfahren.

Fortschrittliche Schüler genossen denselben Vorteil an ihrem Füllfederhalter mit Reservetank. Wenn beim Diktat die Tinte ausging, schaltete man einfach auf Reservetank und konnte sofort weiter schreiben.

Eines durfte man freilich nie vergessen, nämlich den Reservetank immer gefüllt zu halten. Mit leerem Reservetank wäre man genauso dumm dagestanden wie die Brautjungfern, die für ihre Lampen kein Öl mitgenommen hatten.

Die Weltenzeit läuft unablässig weiter. An das Ende, die Wiederkunft Christi, und daran, dass es dann selbst bei veränderten Ladenschlusszeiten nicht mehr möglich ist, sich mit Himmels-Treibstoff zu versehen, denkt im Alltag kein Mensch. Zwar reden wir viel von der Zukunft. Es werden noch mehr düstere Prognosen kommen als uns jetzt schon um die Ohren geschlagen werden. Aber dass man deswegen vorsorgt für das Ende, heißt das nicht. Ein Ereignis, über das sich nichts anderes sagen lässt, als dass es eintrifft, macht uns offensichtlich keine Beine vorzusorgen. Wir sitzen herum wie die Brautjungfern, wohl wissend, dass irgendwann einmal aufgebrochen werden muss, aber wir lassen auf sich beruhen, ob wir dafür genügend im Tank haben.

Insofern verstehen wir das Gleichnis Jesu durchaus, auch wenn unsere Hochzeitsbräuche ziemlich andere sind. Ein paar Aufschlüsse zum weiteren Verständnis des Gleichnisses schiebe ich jetzt aber ein.

Wenn Jesus seine Zuhörer in eine unbekannte Welt einführen wollte, dann machte er sie mit einem Vergleich aus dem täglichen Leben anschaulich. So in unserem Fall. Er erzählt von einer Hochzeit: was auf einer Hochzeit alles passieren kann. Es ist anzunehmen, dass der Clou dieser Geschichte den Zuhörern bekannt war; es braucht sich solches nur gerade wieder einmal ereignet zu haben.

Höhepunkt der Hochzeitsfeier im Orient ist, wenn der Bräutigam die Braut zu sich nach Hause in die versammelte Hochzeitsgesellschaft abzuholen kommt. Meist ist dies spät in der Nacht, denn den ganzen Tag verhandeln die Familien darüber, welchen Geldpreis und welche Geschenke der Bräutigam den Schwiegereltern geben muss, damit er die Braut bekommt. Mit Hingabe wird darüber verhandelt, schließlich ist die Braut es wert. Derweil festen die Gäste schon einmal. Niemand weiß, wann der Hochzeitszug kommt; es kann lange nach Mitternacht sein. Geduldig wartet die Braut inmitten ihrer Jugendfreundinnen. Diese Brautjungfern haben die Aufgabe, mit Lichtern Braut und Bräutigam in den Hochzeitssaal zu führen. In unserem Fall schläft die Hälfte, ohne auf ihre Lichter zu achten; die Zuhörer Jesu ahnen schon, was passiert. Als der Bräutigam endlich kommt und die Hälfte der Brautjungfern nicht mitgehen kann, weil ihre Lampen erloschen sind, da ärgert er sich und sagt: Die können mir gestohlen bleiben.

Die Zuhörer Jesu wissen, dass das Nicht-präpariert-sein auf den Ausschluss von der Hochzeitsfeier hinausläuft, und wir kommen jetzt ebenfalls besser dahinter, was Jesus mit diesem Gleichnis uns sagen will. Es kann lange gehen bis zur Heimholung der Welt. Tag und Stunde sind nicht zu berechnen. Aber sie kommt, diese Stunde, und wer dann abgebrannt ist und kein Öl in den Krügen hat, der ist out.

Was bedeutet „Öl in den Krügen"? Mutter Teresa hat den Nagel auf den Kopf getroffen, als sie einmal sagte: „Treue, Pünktlichkeit, Freundlichkeit, ein Gedanke an andere, unsere Art und Weise zu schweigen, zu schauen, zu reden und zu handeln. Es sind die kleinen Tropfen der Liebe."

Wenn das Gleichnis Jesu erreicht, dass wir uns neu mit diesem Öl bevorraten, damit unsere Lampen nicht erlöschen, dann hat es seinen Zweck erfüllt.

Mach was draus
Mt 25,14-30

Alles leidet mit dem dritten Mann. Ihm gehört spontan die Sympathie, weil man ihn für den von vornherein Benachteiligten hält. Den Kollegen wird das Fünffache und das Doppelte anvertraut. Muss er sich da nicht minderwertig vorkommen? Wie soll er Lust entwickeln, für seinen Herrn Geschäfte zu machen, wenn ihm mit dem nur einen Talent quasi Unfähigkeit bescheinigt wird? Da riskiert er lieber nichts, damit dem Geld des Herrn nichts passiert.

Bert Brecht polemisiert in seiner „Ballade vom Pfund" gegen den Kapitalistengott: Man muss es zu etwas bringen, um bei ihm fein heraus zu sein; der Arme wird dafür, dass er keinen Gewinn macht, auch noch bestraft. Es ist nicht unsere Aufgabe, Gott herauszupauken und ihn in Schutz zu nehmen vor solchem süffisanten Missverständnis; sehr wohl aber ist es unsere Aufgabe herauszufinden, was Jesus mit diesem Gleichnis sagen wollte.

Hingeführt zum springenden Punkt werden wir, wenn wir anschauen, was der Herr zu den beiden verdienstvollen Mitarbeitern sagt. Er sagt zu dem, der zwei Talente erhalten hat, wortwörtlich dasselbe wie zu dem, der fünf Talente erhalten hat. Er lobt beide und befördert beide mit denselben Worten. Es kommt in dem Gleichnis also nicht darauf an, wie viel Talente man hat, sondern darauf, dass man aus ihnen etwas macht.

„Jedem nach seinen Fähigkeiten" hat der Herr gegeben. Es wird von keinem Menschen erwartet, dass er aus dem, was ihm nicht gegeben ist, etwas macht. Aber es wird erwartet, dass er aus dem, was ihm gegeben ist, etwas macht. Denn sonst ist ihm das Gegebene vergebens, nutzlos gegeben. Wer nichts damit anfängt, braucht es auch nicht. Das vergrabene Talent wäre besser dem gegeben worden, der mit ihm gewirtschaftet hätte. Der wenig Talentierte wird von seinem Herrn nicht verurteilt, weil er nicht so viel erwirtschaftet hat wie seine Kollegen, sondern weil er seinen Herrn frustriert und nichts aus dem ihm Anvertrauten gemacht hat.

Wohl kommt der dritte Knecht seinem Herrn mit der Angst, die er gehabt habe. Wissend um die Strenge des Herrn, habe er Angst gehabt, etwas falsch zu machen. Aber sein Herr lässt das nicht gelten. Es geht in diesem Gleichnis also nicht um Risikobereitschaft gegen Risikoscheu. Jesus wollte mit diesem Gleichnis auch nicht Chefs vor Fehleinschätzung ihrer Angestellten warnen. Nein, es geht darum, dass es unverzeihlich ist, aus seinen Fähigkeiten nichts zu machen.

Ganz zu Recht ist aus dem Talent, in der Antike ein Geldstück, das Wort für Fähigkeit geworden. Dass man aus seinen Fähigkeiten etwas macht, ist das Ziel des Gleichnisses.

Jeder von uns hat Fähigkeiten, der eine mehr, der andere weniger, die eine hier, die andere dort. Sie sind die Mitgift, die wir bekommen haben, die Kapitalien, mit denen wir wirtschaften können. Natürliches Kapital fällt darunter, Gesundheit, Geistesgaben, Zeit, Anlagen, Entfaltungsmöglichkeiten, und übernatürliches Kapital, das, was man Gnade nennt.[1]

---

[1] Vgl. R. GUTZWILLER: *Die Gleichnisse des Herrn.* Einsiedeln 1960, S. 94; F. KAMPHAUS in: Dienst und Wort 3 (1968), S. 225.

Damit nichts anzufangen, widerspricht dem Sinn der Gabe. Der dritte Mann „war in empörender Weise inaktiv".[2] Art und Umfang unserer Verantwortung ergibt sich aus Art und Umfang des Spielraums, den wir haben. Gott fordert Rechenschaft, was wir aus dem uns überlassenen „Vermögen" gemacht haben.

Mit dem in Mode gekommenen Wegdiskutieren auch noch des letzten Restes der Verantwortung geht dieses Gleichnis nicht einig. Es lässt keine Entschuldigung für die Nichtnutzung unserer Möglichkeiten gelten. Was immer auf der Couch des Psychiaters zu Tage treten könnte an gestörtem Verhältnis zum Vater, an fehlender Nestwärme, an falschem angefasst werden in der Schule, an Minderwertigkeitskomplexen und Allergien: Nichts von alledem und auch nicht alles zusammen hebt die Freiheit und die Eigenverantwortlichkeit restlos auf.

---

[2] Vgl. H. KAHLEFELD: *Gleichnisse und Lehrstücke im Evangelium.* Frankfurt am Main ²1964, S. 156

Keine Kasten
Lk 14,1.7-14

Ob das eine Tischrede war oder eine Gardinenpredigt, die Jesus da gehalten hat, kann uns egal sein. Er hat jedenfalls anlässlich eines Banketts, zu dem er eingeladen war, zwei Empfehlungen ausgesprochen, zwei Ratschläge erteilt, die alsbald die Runde gemacht haben und seinen Jüngern interessant genug erschienen, im Evangelium festgehalten zu werden.

Das eine ist ein Gebot der Klugheit, das ohne weiteres einleuchtet und das sich zumindest der Mensch, der sich da schon einmal blamiert hat, auch ohne Jesus-Kommentar gut hinter die Ohren geschrieben hätte: Man setzt sich besser unten hin und lässt sich nach oben bitten als oben hin und muss von dort weichen. Das eine ist ehrenvoll, das andere beschämend, dieser Knigge für Gäste nicht mehr als eine Glosse zum Grundsatz aller Religion, dass man sich vor Gott nicht aufspielen soll – eine Sache, die wir uns anstandslos gesagt sein lassen.

Anders ist es mit dem, was Jesus dem Gastgeber ins Stammbuch schreibt. Da machen wir nicht ohne weiteres mit. Unter Niveau einladen geht einem normal denkenden Menschen einfach gegen den Strich. Erstens: Wie sieht denn das aus? Zweitens: Was kommt denn da zurück? Schließlich geht es, wie wir genau merken, nicht nur um eine gelegentliche Wohltätigkeit, sondern grundsätzlich ums teilhaben lassen am eigenen Leben. Es ist vernünftig, auf gleichem Niveau zu verkehren, weil man nur davon etwas hat. Alles andere ist eine Einbahnstraße, auf der nichts zurückkommt.

Für das Kastenwesen in Indien ist dieses Evangelium eine Katastrophe. Aber auch wir haben ein Problem. Denn auch wir setzen uns am liebsten mit unseresgleichen zusammen, wobei es noch nicht einmal in erster Linie darum geht, dass Junge am liebsten mit Jungen, Alte am liebsten mit Alten und Russlanddeutsche am liebsten mit Russlanddeutschen zusammen sind. Es geht um die Armen, die Krüppel, die Lahmen und die Blinden, also diejenigen, die nirgends mithalten können. Der Hartz-IV-Empfänger hat eben unter Direktoren nichts verloren, und wer von den Halbwüchsigen am Wochenende nicht ein paar hundert Euro auf den Kopf schlagen kann oder gar schielt, stottert oder bucklig ist, kommt in keine Clique hinein.

Vielfach sind uns auch die Hände gebunden. Geschäftsleute müssen kundschäfteln, aus Geschäftsgründen primär mit Geschäftspartnern verkehren; schon um nicht blöd angequatscht zu werden, kann Josef Ackermann nirgends zweiter Klasse sitzen; und selbst als Pfarrer überlegt man sich, ob nicht ein Abend mit Menschen, die nicht auf drei zählen können, ein verlorener Abend ist.

Hinter der Vorgabe Jesu steht freilich etwas, was er damals im Haus des Pharisäers gar nicht angesprochen hat, was uns aber, je mehr wir uns mit ihm befassen, umso klarer wird: Wenn Gott auch so dächte wie wir, wäre er nicht in die Welt gekommen, sondern hübsch bei sich geblieben. Was bringt es ihm denn, dass er sich in Jesus mit uns gemein macht? Was kann der Mensch Gott geben? Wie wollen wir uns denn re-

Von der theologischen Bedeutung der Fußwaschung ist es nun kein großer Schritt mehr zur pädagogischen Bedeutung. „Ein Beispiel habe ich euch gegeben", hören wir Jesus sagen. „Wer sein Leben hingibt, wird es gewinnen" – Jesus muss das oft gesagt haben, denn es ist sein meistüberliefertes Wort. Die gebückte Haltung dessen, der sein Leben hingibt, kommt nicht von ungefähr. Man muss sich niederbeugen, wenn man Dreck beseitigen will. Man muss sich hineinknien in die ungewaschene Realität. In der Tiefe ist Handlungsbedarf.

Die Maler malen Wasser in die Schüssel, aber es ist nicht H_2O drin, sondern Jesu für uns vergossenes Leben, das uns herauslöst aus dem Schmutz, der sich an unsere Fersen geheftet hat. Unsere Hingabe vermehrt den Inhalt der Schüssel nicht. Der geht ganz ohne uns nie zur Neige und bewahrt ganz ohne uns seine lösende Kraft. Aber die Schürze umzubinden, wird von uns erwartet, und dass wir uns hinknien, das Heil zu „unterbreiten", den „Gang" der Welt im großen wie im kleinen hineinzutauchen in das reinigende und belebende Bad, das Christus heißt. Dass wir uns für nichts, aber auch gar nichts, was damit zu tun hat, zu schade sind, wird von uns erwartet, und dass wir unser Leben hergeben, also mit allen Möglichkeiten, die man, wenn man sich bückt, hat, dem Absorber Christus zur Verfügung stehen.

Es widerspricht dem, was Christus vormacht und lehrt, wenn Demut verlacht wird. Wer freilich Demut mit Servilität gleichsetzt, hat sich den Zugang zur Praxis Gottes und seines Gesandten und dessen Zöglingen verbaut. Demut ist Mut zum

Dienen, und wer diesen Mut nicht aufbringt, kann in der Schule Gottes keine Reifeprüfung ablegen.

2. Wagen

Da musst du durch[4]
Mt 3,13-17

Wie die anderen Evangelisten, wie Markus, Lukas und Johannes, hat Matthäus sein Evangelium so aufgebaut, dass die Taufe Jesu im Jordan als das erste öffentliche Auftreten Jesu deutlich wird, als sein Debüt in der Öffentlichkeit. Matthäus hat aber darüber hinaus sehr genau überlegt, welche Worte Jesu er als erste platzieren sollte, wem gegenüber und zu was Jesus sich gleich am Anfang geäußert hat.

Er stellt fest: Der Erste, mit dem Jesus in der Öffentlichkeit ein Wort gewechselt hat, war der Täufer. Und der Zweite, gleich danach, war der Teufel. Die ersten Gesprächspartner Jesu sind der Täufer und der Teufel. Matthäus schält das bewusst heraus, damit jeder Leser seines Jesus-Berichts vor allen Einzelheiten über Jesu Reden und Taten, Erleben und Erleiden aus den Gesprächen Jesu mit dem Täufer und mit dem Teufel von vornherein einen richtigen Eindruck von Jesus bekommt. Aus dem, was Jesus dem Täufer sagt, und aus dem, was Jesus dem Teufel sagt, soll der Leser die Absichten Jesu erkennen können. Da hat sich Jesus die ersten Male festlegen müssen. Und diese Gespräche mögen so stilisiert und so fingiert sein, wie sie wollen: In dem, wie sich Jesus dem Täufer gegenüber und dem Teufel gegenüber festgelegt hat, hat man den Schlüssel zu allem Weiteren in der Hand. Deswegen hat

---

[4] Anregungen aus: H. SCHLIER: *Besinnung auf das Neue Testament.* Freiburg-Basel-Wien 1964, S. 212-218, und E. JÜNGEL: *Unterbrechungen. Predigten IV.* München 1989, S. 75-80.

Matthäus den Wortwechsel Jesu mit dem Täufer und mit dem Teufel vorangestellt.

Beide, der Täufer und der Teufel, wollen bestimmte Ambitionen Jesu verhindern. Geschichtlich gesehen, hat die Auseinandersetzung mit dem Täufer und mit dem Teufel Jesus erste Klarheit über seinen Auftrag gebracht. Wir müssen ja immer im Auge behalten, dass zur Menschwerdung der Verzicht auf göttliches Wissen und göttliche Möglichkeiten gehört; Jesus musste wie jeder andere Mensch auch seinen Auftrag erschließen und hatte nicht, wie man vielleicht meinen könnte, eine Direktverbindung zu einer himmlischen Einsatzzentrale, auf die er hätte zurückgreifen können. Deshalb klärte sich für Jesus in der Begegnung mit dem Täufer und in der Begegnung mit dem Teufel seine Aufgabe in der Welt. Sowohl der Täufer (von außen) als auch der Teufel (von innen) stellen an ihn nämlich bestimmte Ansinnen.

Sie wollen ihn in Bahnen lenken, auf denen er seiner Sendung nicht nachkommen könnte. Der eine wie der andere „versucht" ihn also: der Täufer in bester Absicht, der Teufel in bösester Absicht. Der Täufer argumentiert: Ich sollte von dir, nicht du solltest von mir getauft werden. Der Teufel argumentiert: Als Gottes Sohn kannst du dich bedienen und bedienen lassen. Beide Argumente sind geeignet Jesus drauszubringen.

Du hast doch hier nichts verloren, sagt der Täufer und schiebt ihn damit weg von allen anderen Menschen. Du brauchst dir doch nichts gefallen zu lassen, sagt der Teufel und trennt ihn damit von uns, die wir uns so viel gefallen lassen müssen. Wenn Jesus darauf hereinfällt, wird er von denen, zu denen er kommen soll, abgeschnitten; er wird daran interessiert sein, wie er aus allem herauskommt, und nicht, wie er in alles hineinkommt. Dort, wo er hingehört, möchte der Teufel ihn haben; die Welt ist des Teufels, Gottes ist der Himmel! Dort, wo er nicht hingehört, möchte der Täufer ihn nicht haben; wer sich in den Schmutz stellt, wird doch beschmutzt; wie soll er da als der Reine, der er ist, noch herauskommen!

Erst im Nachhinein, erst wenn wir die Evangelien genau lesen, merken wir, was für die Einstellung Jesu damit auf dem Spiel stand. Sein Weg zu den Menschen wäre verbaut, wenn er dem Ansinnen des Täufers oder dem Ansinnen des Teufels folgen würde. Jesus wäre unter den Menschen dann einfach ein Ausnahmefall, ein Fremdkörper, einer, der nicht hierher gehört, einer, der hier nichts verloren hat. Er wäre wie ein Albino unter Schwarzen, wie ein Fisch an Land, nur ein Kuckucksei im Nest der Menschheit. Es bliebe ihm nichts als angegafft zu werden, als keine Luft mehr zu kriegen, als artfremd zu sein.

Der Täufer hält eine Solidarisierung Gottes mit den Menschen für falsch, der Teufel will sie auf Teufel komm raus verhindern, Gott dagegen genau sie erreichen. Der Mensch Jesus von Nazareth spürt die Absicht Gottes heraus. Er erkennt seinen Auftrag und akzeptiert ihn. Deswegen sagt er zu Johannes dem Täufer: Lass es geschehen! Ich stelle mich nicht irrtümlich, sondern in voller Absicht zu den armen Sündern.

Und daraufhin – wir beachten sehr wohl: Nicht vorher, sondern jetzt – hört Jesus eine Stimme vom Himmel, die ihn bestätigt: So ist es richtig, so bist du mein geliebter Sohn.

Die Einsicht, die Jesus bei seinem ersten Auftreten in der Öffentlichkeit gewonnen hat, bleibt für ihn wegweisend in allen Anwandlungen, Versuchungen und Einflüsterungen. Selbst Petrus gegenüber, der ihn warnen wird, es gehe nicht an, dass der Messias am Kreuz ende, wird Jesus, ohne einen Schnörkel zu machen, sagen: „Weg mit dir, Satan! Du willst mich zu Fall bringen; denn du hast nicht das im Sinn, was Gott will, sondern was die Menschen wollen" (Mt 16,23).

Nicht nur mit dem großen Zeh, sondern ganz und gar sollte er eintauchen in das Menschenleben, in das, was wir durchmachen, was die Sünde aufgewühlt und an Unrecht, Verrat und Tod über uns gebracht hat. Schulter an Schulter mit uns sollte er stehen, so dass er unsere Herzen würde schlagen hören und wir seines. Diese Solidarisierung mit den Menschen hat Gott gesucht, und eben die Situation, in der wir stehen, ist, in einem geradezu chemischen Sinn, „leitend" für das Heil, das Gott uns angedeihen lassen will.

Dafür hat Jesus sich hergegeben, und ist hinab gestiegen in das Reich des Todes, des Anti-Lebens, und, wie Wasser den elektrischen Strom leitet, beginnt die Atmosphäre, in der wir sind, von dem Moment an, in dem er einsteigt, einen Strom göttlichen Lebens auf uns zu lenken.

Im Hebräerbrief ist Jesus in diesem Zusammenhang mit dem Hohenpriester verglichen, und es heißt: „Wir haben ja nicht einen Hohenpriester, der nicht mitfühlen könnte mit unserer Schwäche, sondern einen, der in allem wie wir in Versuchung geführt worden ist, aber nicht gesündigt hat. Obwohl er der Sohn war, hat er durch Leiden den Gehorsam gelernt; zur Vollendung gelangt, ist er für alle, die ihm gehorchen, der Urheber des ewigen Heils geworden" (Hebr 4,15; 5,8f.).

So hat das demütige Eintauchen Jesu in unsere Atmosphäre dazu geführt, zu was das Aufbegehren gegen diese Atmosphäre nie hätte führen können.

Chancen geben
Mt 9,9-13

Wie umgehen mit Zöllnern und Sündern? Zöllner sind Kollaborateure, arbeiten mit einer fremden Macht zusammen, sind die Nutznießer der Unfreiheit ihres Volkes. Übertragen auf heute, sind Zöllner Leute, die im Sold antikirchlicher Kräfte stehen, die verdienen an Aberglauben, Kriegen, Unmoral, an all den Götzen, vor denen sich Menschen in die Knie werfen. Der Rechtsanwalt, der an Scheidungen interessiert ist, weil sie mehr einbringen als Versöhnungen. Der Verleger, der mit Appellen an die niedrigsten Instinkte reich geworden ist. Arbeitgeber und Arbeitnehmer, die, nur aufs Geld aus, aus dem anderen herausholen, was bloß geht. Hin und wieder wir alle, wenn wir profitieren von Strukturen, die dem Reich Gottes abträglich sind.

Und wer ist mit den Sündern gemeint? „Sünder" war die stehende Bezeichnung für diejenigen, die sich nicht an die Thora hielten, deren Lebenswandel, an der gottgesetzten Norm gemessen, zu wünschen übrig ließ. Sicher würden Triebtäter, Mafiosi und Umweltzerstörer darunter fallen, aber nicht nur sie; wer kein anständiger Mensch ist, wer ein Lotterleben führt, für wen Gott Luft und der Mitmensch nur Objekt ist sonst nichts, der ist gemeint, wenn man von „Sünder" spricht. Es sind die Leute, die ein rechtschaffener Mensch meidet; gerade daran, dass er sie meidet, kann man seine Rechtschaffenheit ablesen.

Es ist also ziemlich gewagt, was Jesus da macht. Stellen wir uns einmal vor, dass Jesus nach Stuttgart käme und, statt zum

Kirchentag, zu den Neonazis, ins Dreifarbenhaus und in die Spielbank ginge. Das kann kein gutes Licht auf ihn werfen. Wir wären wahrscheinlich die Ersten, die aufschrieen, und das nicht nur aus gekränkter Eitelkeit, sondern aus der für uns zwingenden Logik, dass Jesus dort einfach nicht hinge-hört.

Indes, Jesus lud sich in diese Kreise selbst ein. Damit be-ginnt übrigens der heutige Evangelienabschnitt. Man über-liest das leicht, obwohl es sicher nicht umsonst dasteht. Jesus sah Matthäus am Zoll sitzen und sagte zu ihm: „Folge mir!" Als ob bei einem solchen Menschen etwas zu holen wäre!

Tatsächlich landet Jesus dort, wo er offensichtlich hinwoll-te: mit Matthäus an einen Tisch. Die Selbsteinladung Jesu verstärkt unser Unverständnis eher als dass sie es mindert. Wir möchten doch sehr bitten! Welche Anerkennung er-wächst doch den Kreisen des Matthäus daraus, dass Jesus sich bei ihnen einlädt, und welcher Ansehensverlust muss Jesus daraus erwachsen!

Das Spiel freilich, wenn man es einmal als solches bezeich-nen will, ist für Jesus damit, dass er einen Schuh in die Tür bringt, schon halb gewonnen. Es sind Türen, die normaler-weise nicht aufgehen, auf jeden Fall nicht für Leute, die nur ein schlechtes Gewissen machen. Die gesellschaftliche Aus-grenzung der Sünder und Zöllner ist aus Gründen der Selbst-achtung anständiger Menschen perfekt. Wer von uns lädt denn jemand zu sich ein, von dem er weiß, dass er schlecht von ihm denkt!

Es tut das höchstens dann, wenn er beweisen will, dass er nicht einfach der ist, für den man ihn hält. Jesus war ein guter Menschenkenner. Er spürte dem Zöllner an, dass bei ihm etwas zu machen sein könnte. Ob Jesus sich in unseren Tagen auch bei einem Geldwäscher oder Waffenschieber eingeladen hätte, ist schwer zu sagen. Grundsätzlich würde Jesus sogar zum Teufel seiner Großmutter gehen, wenn – und jetzt erahnen wir den Grund, weshalb er nicht einfach zu jedem Zöllner und jedem Sünder geht – wenn er sich etwas davon verspricht. Wo nichts zu machen ist, so wird er später seinen Jüngern empfehlen, sollen sie den Staub von den Füßen schütteln und weiterziehen. (Mt 10,14; vgl. Apg 13,51). Die Ernte ist groß (Mt 9,37), nur soll man nicht gerade da ernten wollen, wo nichts zu ernten ist.

Aus dem Zöllner Matthäus wurde der Apostel Matthäus. Das wäre nicht geschehen, wenn Jesus nicht zu ihm hingegangen wäre. Der Versuch war lohnend gewesen für Jesus. Um diesen Versuch machen zu können, lässt er sich gerne schief anschauen. Er bricht das Tabu, dass man mit Menschen wie Matthäus nicht verkehrt.

Die Begründung, die Jesus für seinen Tabubruch gibt, ist unschlagbar: „Nicht die Gesunden brauchen den Arzt, sondern die Kranken". Naserümpfen und Ausgrenzen ändern rein gar nichts. Im Gegenteil, sie reiten den Abgeschriebenen noch tiefer hinein, frei nach dem Motto: Ist der Ruf erst ruiniert, lebt sich's gänzlich ungeniert. Jesus betrachtet korrumpierte Menschen vom ärztlichen Standpunkt aus: Mal sehen, ob sich die Sache nicht heilen lässt. Befasse ich mich mit einer Krankheit nicht, vertue ich die Heilungschancen, die vielleicht bestehen. Befasse ich mich mit ihr, eröffne ich wenigstens die Möglichkeit einer Heilung.

Was heißt das alles für uns? Wie umgehen mit den Zöllnern und Sündern von heute? Im Sinne Jesu müssen wir sagen: Lieber eine Chance zu viel als zu wenig! Die Gefahr, dabei selber ins Zwielicht zu geraten, ist groß, aber vergleichsweise gering neben der Gefahr, jemand, der gerettet werden könnte, definitiv zu verlieren.

Freiheit leben
Lk 4,14-21

I.

Der Neue Bund versteht sich als Anfang einer Freiheit, wie sie die Welt noch nicht gesehen hat. Er glaubt nicht nur an Freiheit, er ist Freiheit. Er hofft nicht nur auf Freiheit, er ist Freiheit. Er liebt nicht nur die Freiheit, er ist Freiheit.

Indem wir glauben, indem wir hoffen, indem wir lieben, erobern wir Freiheit. Freiheit ist eine echte Möglichkeit geworden. Mit dem Neuen Bund ist der Durchbruch da. Der Endsieg steht noch aus. Es bedürfte des totalen Glaubens, der totalen Hoffnung, der totalen Liebe, um Freiheit schlechthin zu haben. Nichts wird von dem zurückgenommen, dass der Neue Bund Freiheit ist, wenn wir hinzufügen: Diese Freiheit ist da, aber noch lange nicht überall; sie ist da, aber immer als ein Mehr oder Weniger da; sie ist da, auch wenn sie wie jeder Impuls eine widerständige Welt erst überwinden muss.

Der Impuls ist da, aber auch die Widerstände sind da. Wer das Erste leugnet, in dem lebt Christus noch gar nicht; wer das Zweite leugnet, ist ein Hans-guck-in-die-Luft, den es vorhersehbar auf die Nase hauen wird. Der Start ist noch nicht das Ziel; es bleibt eine permanente Differenz zwischen dem Reich der Freiheit, zu dem die Freiheit sich alle unsere Verhältnisse umschaffen wird, und dem Anfang der Freiheit unter den Bedingungen der Knechtschaft. Das eine ist Freiheit in ihrer eigenen Welt, das andere ist Freiheit im Kampf, Freiheit im Fragment, Freiheit im Kompromiss.

Das Christentum ist die „Religion" der Freiheit: Bindung also an die Freiheit. Sie beschenkt mit Freiheit und sie verpflichtet zur Freiheit. Sie bildet uns zu Freiheitskämpfern aus und macht uns empfindlich für alle Unfreiheit um uns und in uns. Das Christentum ist noch nicht das „Reich der Freiheit" selber. Aber es ist auch nicht bloß ein frommer Wunsch nach Freiheit, sondern es ist der in Form von Glaube, Hoffnung und Liebe real ergriffene Anfang der Freiheit. Christus ist Freiheit, das Seil, das den Gefangenen ins Verließ geworfen wird, und das Christentum als die Bindung an Christus ist die Religion der Freiheit, das ergriffene Seil.[5]

II.

Die Gottesherrschaft, die Jesus anzusagen gekommen war, bedeutet für uns Menschen Befreiung und Freiheit, nämlich Befreiung aus der Verfallenheit an das Böse, an den in allem nistenden Tod, Befreiung von Selbstzwängen, ja, von den versklavenden Vitalinteressen eines gefangenen Ich, von der zerteilenden Sorge, die nach dem Motto aller Herrscher „divide et impera" unfrei macht, den Menschen geteilt macht; auch von der einengenden Furcht.[6]

Was Jesus ansagt, behauptet er nicht bloß; das geschieht unter seinen Händen! Er hat die Isolierung der Minderwertigen wirklich außer Kraft gesetzt. Er hat die Fesseln, in die

---

[5] Vgl. J. MOLTMANN: *Perspektiven der Theologie. Gesammelte Aufsätze.* München-Mainz 1968, S. 189-211; *Die Revolution der Freiheit.* S. 189.
[6] Vgl. R. PESCH: *Jesus – ein freier Mann.* In: Bibel und Kirche 32 (1977), S. 103-109, hier S. 103.

Menschen durch Krankheit geschlagen waren, geöffnet. Er hat den Besitzenden zur Distanz gegenüber ihrem Besitz verholfen. Er hat die unter uneingestandener Schuld Leidenden zu einem befreienden Bekenntnis gebracht.

Er hat ringsum Freiheit verbreitet, Freiheit ausgestrahlt, Freiheit zugemutet. Die Freiheit ging wie ein ansteckendes Fieber von ihm aus und streckte innere und äußere Knechtschaft nieder.

Es war *echt* befreiend, wie Jesus handelte. Ganz anders als so viele Marktschreier der Freiheit heute, die die Unterdrückten frei und dafür die Unterdrücker eingesperrt haben möchten, so dass Gefangenschaft erst nicht aufgehoben, sondern nur zu ewigem Kreislauf neu verteilt wird. Jesus sah genau, dass *alle* Gefangene sind, und hob Gefangenschaft *überhaupt* auf. Er sah, dass Gefangenschaft in tausend Variationen die immer selbe über allen liegende Macht war. „Sünde" nannte er diese Macht und meinte damit nicht, was Lieschen Müller darunter versteht, sondern die gesamte innere und äußere Unfreiheit, die den Menschen tun lässt, was er nicht soll und im Grunde, wenn er könnte, auch nicht will.

Das Joch dieser Macht zu zerbrechen, war er gekommen. Und dafür starb er! Er starb für unsere Freiheit. Und darum ist das Schändlichste, was wir tun können, der Rückfall in die Knechtschaft der Sünde, aus der er uns mit dem Einsatz seines Lebens befreit hat.

III.

Freiheit muss man praktizieren, damit sie nicht verfällt. Drei konkrete Anregungen dazu (unter sicher vielen möglichen):

1. Prüfen, ob sich Abhängigkeiten in unser Leben eingeschlichen haben!

Man zahlt dem Trieb, man zahlt dem Trend, man zahlt dem Trotz seinen Tribut; haben wir uns noch in der Hand? Es schadet nichts, wenn man einmal mit sich ins Gericht geht und nachschaut, ob unser Denken noch frei und lernfähig ist und wo es vielleicht schon durch eine Schablone ersetzt ist; ob ich auf die großen und kleinen Annehmlichkeiten meines Lebens jederzeit verzichten könnte und wo ich süchtig geworden bin, ohne sie nicht mehr auskomme, nicht mehr über sie verfüge, sondern sie über mich verfügen lassen muss; ob ich es wage, anders zu sein als die anderen und wo ich mein Rückgrat eingebüßt habe und mit den Wölfen heule; ob ich eingefrorene Beziehungen heute noch wieder auftauen könnte, souverän über Geschehenes wegkomme und wo ich unfähig bin, von einem Groll zu lassen, einen Verdacht zu lassen, eine Erpressung zu lassen.

Knechtende Dinge werden immer über uns herfallen. In der Kraft Christi, glaubend, hoffend, liebend, kann man der Verführung widerstehen und die Freiheit der Kinder Gottes leben.

2. Gönnen wir einander die Freiheit der Kinder Gottes!

Es kommt sicher mehr dabei heraus als wenn wir sie einander neiden. „Der Buchstabe tötet, der Geist macht lebendig", sagt Paulus (2 Kor 3,6). Vorschriften sind gut, wir haben sie in Hülle und Fülle, sie regeln die Ordnung in der Familie, das Leben in der Kirche, den Umgang miteinander von der Zahlungsmoral bis zum Straßenverkehr. Man kann sie stur einhalten, seelenlos und betriebsblind und sich gut dabei vorkommen. Und wenn einer etwas mit einem Kuss statt mit einem Paragraphen regelt, mit Charme statt mit Drohung, mit Großmut statt mit Raffinesse, dann ist man verwirrt, weil man auf so großes Geld nicht herausgeben kann und recht armselig dasteht. Da setzt sich einer über Vorschriften hinweg, nicht um sie zu unterlaufen, sondern um sie zu überbieten; da tut einer mehr als er muss, freiwillig: schon wird er von der Allgemeinheit zurückgepfiffen. Schade! Gerade das Mehr-als-seine-Pflicht-tun, das Nach-oben-über-das-Gewohnte-ausbrechen ist ein Zeichen der Freiheit.

Geben wir dieser Freiheit Raum, erbauen wir uns an ihr! Sie hebt uns über das untere Niveau des Legalismus und des Minimalismus hinaus.

3. Machen wir unschuldig Gefangene frei!

Das Evangelium von der Freiheit für Gefangene ist halbseitig gelähmt, solange es nicht auch an die Sklavenhaltungen und Konzentrationslager der Welt herangetragen wird. Einst hat es in der Kirche einen eigenen Orden gegeben, der Gefangene befreite. Die Mercedarier haben, ich weiß nicht wie viele, Sklaven, Geiseln, unschuldig Gefangene aus der Haft geholt. Was damals die Mercedarier taten, tut heute „amnesty international". Damals konnte man freikaufen, heute muss man freibetteln. Wie bei uns im Dritten Reich verschwinden in manchen Ländern der Welt Menschen von der Straße, die sich missliebig gemacht haben. Nur von außen kann man ihnen wirksam helfen, indem man die Regierung mit Tausenden von Briefen bombardiert und jeden Fall vor der Weltöffentlichkeit ausbreitet. Gewalttätige Systeme sind dünnhäutig, wenn man sie bloßstellt; sie möchten besser scheinen als sie sind. Und deshalb retten solche Aktionen vielen unschuldig Gefangenen das Leben und bringen ihnen manchmal die Freiheit wieder; dem Regime sind die ständigen Nadelstiche von außen lästig.

Ich fasse zusammen: Christus hat uns zur Freiheit befreit. Freiheit gilt es bei ihm zu tanken und einander zu schenken. Freiheit muss man atmen und praktizieren. Nur dann kann Freiheit in Raum und Zeit Gestalt annehmen und jene Freiheit widerspiegeln, von der gesungen wird: „Über den Wolken muss die Freiheit doch grenzenlos sein."

Nicht kapitulieren
Lk 5,1-11

Was hat Jesus mit diesem Wunder bezweckt? Es ging ihm ja sicher nicht um eine Warenbeschaffung. Als ob er damals am See Genezareth nichts anderes hätte tun wollen als Fische besorgen und in Kana nichts anderes als Wein besorgen! Diese Wunder wirkt Jesus nicht, um sich als Tausendsassa zu empfehlen, der alles Mögliche herbeizaubern kann. Die Wunder Jesu haben alle einen bestimmten Sinn. Auf was Jesus mit dem reichen Fischfang hinaus will, ist nicht schwer zu erraten. Es geht um die „Menschenfischer". Jesus zeigt etwas auf, was nicht nur für den damaligen Moment und die damals Beteiligten gilt, sondern generell, auch hier und heute für uns.

Aufgegriffen wird mit diesem Beispiel unser Defaitismus. Lohnt es sich noch hinauszufahren, wenn doch nichts hereinkommt? Wir flicken die Netze, wir versuchen die Menschen dort abzuholen, wo sie sind, die Kirche gibt sich ein einladendes Image. Wir gehören nicht einmal zu denen, die nur am Ufer der Zeit stehen und zuschauen, wie andere sich abmühen, um Menschen an Gott anzudocken; viele von uns sind nicht einmal schüchtern, sie trauen sich etwas zu und sind keineswegs ungeschickter als die Profis in den modernen Werbeagenturen. Aber der Erfolg bleibt aus, oft schon in der eigenen Familie. Die Menschen beißen nicht an.

Es geht uns wie den Fischern am See Genezareth: sie haben sich gewiss nicht dumm angestellt, sie sind vom Fach, sie haben es zur günstigsten Fangzeit probiert und es ist nichts dabei herausgekommen.

Petrus und die anderen Jünger haben später immer dann, wenn ihnen als Menschenfischer alles danebenging, an die Lektion denken müssen, die Jesus ihnen mit dem reichen Fischfang erteilt hat. Wie gut, dass wir damals auf Jesus hörten, wird sich Petrus noch oft gesagt haben; wir hätten sonst das Wunder nicht erlebt, das uns jetzt beim Menschenfischen vor dem Aufgeben bewahrt.

„Kommt", sagen auch wir uns, „Jesus hätte uns jetzt geheißen, noch einmal hinauszufahren und das Netz auf der anderen Seite auszuwerfen." Es ist doch nicht wahr, dass das keinen Wert hat. Denken wir an den reichen Fischfang, den Petrus am hellen Morgen gemacht hat! Oder denken wir an das Sämannsgleichnis, das Jesus im selben Zusammenhang gebraucht hat: so und so viel geht zwar nicht auf, verdorrt, wird weggepickt, aber irgendwo fruchtet's plötzlich so, dass man bloß noch staunen kann.

„Preist den Herrn, der niemals ruht, der auch heut noch Wunder tut, seinen Ruhm zu mehren!"[7]

---

[7] Gotteslob Nr. 268.

3. Vertrauen

Zersorgt euch nicht
Mt 6,24-34

Christen, nehmt das Leben leichter,
nicht nur in der Fasenacht!
Seht die Spatzen auf den Feldern,
die noch nie daran gedacht,
sich mit Vorrat vollzustopfen,
weil ein Spatz nicht denken kann!
Mensch, du könntest's schon ein bisschen,
nimm dein Hirn ein wenig ran,
und dann müsstest du doch wissen,
dass sich jeder übernimmt,
der da meint, es lasse alles,
was da komme, sich bestimmt
vorausplanen und versichern.
Nicht einmal, wenn's Kind geklont,
haben Eltern in der Tasche,
dass sich so ein Kegel lohnt!
Kinder, Urlaub, Hausbau, Rente:
Alles ist genau geplant,
ich bestelle und erwarte
wie beim Warenhausversand
– Lieferung frei Haus und Skonto,
Garantie und Rücktrittsrecht –
sogar Babys aus Retorten,
kreuze Zahl an und Geschlecht;
klar, auch Ehepartner gibt es,
vom Computer ausgesucht,

passend bis zum Mundgeruche,
irrtumsfrei: drum rasch gebucht!

Dies ist aber längst nicht alles,
was man heute planen kann;
die Versicherungsgeschäfte sind es,
die vor allem steigen an.
Ausgesorgt hat, wer versichert,
denkt sich jeder. Nichts wie zu,
erst ein ganzes Gros Policen
schafft dir die erwünschte Ruh,
und vor Diebstahl, Autoschaden,
Hackern, Mehltau, Bänderriss,
Nepp im Urlaub, Schwamm am Hause,
selbst vor wackelndem Gebiss
sichern dich die großen Kassen,
Zahlianz, Erbarmia,
Hermesbürgerschaft und so weiter,
halt das ganze Tralala;
ist der Beitrag zehnmal höher
als die Kirchensteuer schon,
macht nichts! Denen gibt man's gerne,
lieber doch als Gott und Sohn,
die im Sicherungsgeschäfte
vielleicht doch nicht so auf Draht –
deshalb weltliche Agenten,
denn da weiß man, was man hat.

Gott sagt zwar: „Hört auf mit Sorgen,
fragt nicht, was den Hunger stillt,
über alles, was ihr brauchet,
bin ich längstens doch im Bild,
und ich lass euch schon nicht darben,
kenn mich zu Genüge aus,
schließlich bin ich euer Vater,
und die Welt, die ist mein Haus."
Aber wir sind so verkommen,
dass uns dies zu wenig ist,
wir mit Sorgen, Planen,
Raffen unsre ganze Lebensfrist
bis an Ultimo verbrauchen,
statt auf Jenen zu vertrau'n,
ohne den doch nichts kann laufen,
ohne den kein Spatz vom Zaun,
nicht einmal ein Haar vom Kopf fällt,
so sind sie in seiner Hand.
Trotz des göttlichen Garanten
und obwohl es uns bekannt,
dass ein jed' Gescheh'n auf Erden
ihn zur letzten Ursach' hat,
setzen wir auf Zweitursachen,
meinen, Gott, der sei schachmatt.

Heißt das etwa, liebe Leute:
Legt euch auf die faule Haut,
keiner rühre einen Finger,
auf des Feldes Blumen schaut,
weil sie einfach gar nichts machen,

und der Himmel nähret sie,
oder seht am Brunnen drüben
auf die Säuferkolonie,
sollen wir zu denen gehen,
die sind alle Sorgen los,
haben sie auf Gott geworfen,
die sind im Vertrauen groß,
dass auch ohne anzupacken
täglich sich die Gurgel füllt
und, was Jesus da versprochen,
auch für jeden Faulpelz gilt?
Solchen Irrtum zu beheben,
braucht es nicht sehr viel Verstand:
Gottes Sorge ist umfassend,
aber leiht nicht dem die Hand,
der im Ausstieg aus den Pflichten
Gott zu einem Dackel macht,
den er für sich schaffen lasse,
während er ins Fäustchen lacht.

Nein, der Schlusssatz dieses Stückes
aus dem Evangelium
sagt: Sucht erst die Sache Gottes,
und das andre Drumherum
wird euch dann dazugegeben.
Deshalb also und nur dann
könnt ihr eure Sorgen lassen,
und zwar nicht bloß dann und wann,
sondern immer, weil der Vater
euch nicht dafür in die Welt

setzt und sendet, vielmehr dazu,
dass ihr alles, ob es Geld
oder Haus und Fähigkeiten
oder schöne Kleider sind,
ganz in seinem Sinn verwendet
und sein Reich damit gewinnt,
dass ihr Gott gerecht zu werden
und nicht euren Vorteil sucht.
Wer verfügbar so für Gott ist,
hat das and're mitgebucht,
der braucht nicht mehr
krampfhaft sorgen,
in was er sein Dasein hüllt,
wie ihm dies und das gelinget
und wie er sein' Beutel füllt.
Denn der hat im Himmelvater
den Besitzer einer Welt
voller Möglichkeiten bei sich,
der ihm frei den Rücken hält.

Darauf sprech' ich feste AMEN
und ich hoff', ihr tut es auch,
denn es ist nun mal das Leben
mehr als immer nur der Bauch.

Vertrauen lohnt
Lk 7,1-10

Wenn's denn so ist, dass die Gemeinde
erwartungsvoll sich hier vereinte,
um Karnevalisches zu hören,
nun denn! Ich kann's zwar nicht beschwören,
dass meine Predigt wird gefallen,
und wenn, dann sicher nicht gleich allen;
ich hab mir eben Müh' gegeben,
es kann nicht mehr geh'n als daneben.

Ein Hauptmann, heißt es hier im Buche,
war für sein' Knecht auf Heilungssuche.
Wir würden da in diesem Falle,
wenn wer erkrankt vom Personale,
den wir nicht gut entbehren können,
uns auch umseh'n, ob wir gewönnen
nicht einen Heiler, der für Scheine
dem Kranken hülf auf seine Beine.

Das ist die Arbeitgeberseele,
die meint, man fei're, wenn man fehle,
die immer schon vor Wut entbrannte
bei einem hohen Krankenstande,
die aber, wenn der Butler schlapp macht,
das Reitpferd lahmt, die Büste abflacht,
erwacht zu plötzlichem Int'resse
und flennend rennt in jede Messe.

Auch wer nicht Großbetriebe leitet,
doch sonst auf hohem Rosse reitet,
wer nie um and'rer Not sich scherte
und nur mit Hautevolee verkehrte,
der Machotyp, der Jungausbeuter,
die Frau von Sinnen und so weiter,
denkt gern: Im Falle eines Falles,
da macht der Herrgott für mich alles.

Nichts davon ist zu unterstellen
dem Hauptmann, von dem zu erzählen.
Zwar kommt aus Rom er als Besatzer,
doch mit dem Judenvolk, da hat's er,
er sponsert ihre Synagogen,
ist ihrem Glauben wohl gewogen,
er achtet alle ihre Sitten
auch wo ins eig'ne Fleisch sie schnitten.

Er hätte ohne Federlesen,
auch wenn's ein anderer gewesen
und nicht der Leibbursch', sondern Fremde,
gesehen, wie er sich verwende
für einen Kranken bei dem Manne,
von dem er hört, er schlüg' in Banne
die Massen und hab' eine Nummer
bei Gott in einem jeden Kummer.

Nicht, dass der Hauptmann hätt' gedrängelt,
die Sprechstundhilfe hätt' gegängelt,
gesagt: Privat versichert bin ich,
und diesen Heiland, den gewinn ich,
wenn nicht in bar, dann mit Mercedes;
das wär' der erste, der nicht jedes
Geschenk annähm', mit dem die guten
Doctores sich erst richtig sputen.

Der Hauptmann, ganz im Gegenteile,
erwartet nicht, dass Jesus heile,
er müsse nur ins Haus erst kommen.
Stets hat er Rücksicht drauf genommen,
dass Juden, auch wenn sie gebeten,
der Heiden Häuser nicht betreten.
„Ich bin nicht würdig", lässt er sagen
durch Freunde, die's zu Jesus tragen.

Auf seinen Glauben lässt er weisen,
dass Jesus, ohne anzureisen,
auch aus der Ferne könne heilen.
Das bat er Freunde, mitzuteilen.
Wer so hoch hält die Macht des Wortes,
dass es bewirkt auch andern Ortes,
wozu es kam aus Jesu Munde,
soll haben, dass sein Knecht gesunde!

Dies ist ein Lehrstück übers Bitten
und nicht, wie man bei Hämorrhoiden,
bei Zahnweh oder Magendrücken

Gott als Ersatzarzt könnte kriegen.
Der Hauptmann sagt in allen Messen,
bevor vom Tisch des Herrn wir essen
mit unserem Mund: Ich bin nicht würdig,
bin nie und nimmer ebenbürtig.

Ich habe dir nichts zu befehlen,
ich kann mich dir nur anempfehlen
mit allem, was ich hab' am Herzen.
Ich weiß, dass meine Opferkerzen
nur meine Bitte unterstreichen
und nicht Bevorzugung erschleichen.
Ich droh' auch nicht: Her mit den Gaben,
sonst kannst du mich mal gerne haben.

Nein, wie der Mann aus der Kaserne
sag ich bescheiden aus der Ferne:
Wert bin ich's nicht, geheilt zu kriegen,
was ich an Krankheit nicht besiegen,
nicht ändern kann an all den Plagen,
die Menschen auf den Magen schlagen.
Doch eine *Bitte* lässt dich schauen:
gesetzt in dich ist mein Vertrauen.

Sobald ich „bitte" sagen lerne,
merk' ich, dass selbst ein *Mensch* mir gerne
gewährt, wozu ich ihn jetzt brauche.
Er will kein Jammern, kein Gefauche.
Es ist, als ob er darauf warte,
dass ich mit einer Bitte starte,

damit er seine Möglichkeiten
zu helfen mir kann unterbreiten.

Drum: musst du einen Reifen wechseln,
musst Gartenabfall dringend häckseln,
verstehst vom Mietvertrag nur Bahnhof,
sagt dir dein Chef, du seist total doof,
hast einen Blutdruck, der dich umhaut,
hast einen Nachbarn, der dich zubaut,
krankt deine Seel' an fehl'nder Liebe,
ist Sand in deines Hirns Getriebe,

fehlt's dir am Sitter für die Kinder,
siehst ein, dass du nur mehr und minder
geeignet bist zum Sitzungsleiten,
zum Kaltes-Buffet-Zubereiten,
zum Fensterstreichen oder Bohren,
hast du zu vieles um die Ohren,
ist deine Tochter suchtgefährdet,
dein Lebenswerk nicht mehr geerdet,

dann *bitte* doch um Gottes willen,
sag's Zauberwort, auf das im Stillen
gewartet wird, Gewehr bei Fuße.
Ach, wenn's dir doch nicht solche Buße
bedeuten würde, statt zu flachsen,
zu sagen: „Bin dem nicht gewachsen"
und Gott und Menschen dann zu gönnen,
dass sie dir werden helfen können.

Auch du würd'st, wenn an dich sich wendet
ein Mensch, der ohne Hilf verendet,
der ohne deine Kompetenzen
nicht wegkäm' über seine Grenzen,
auch du würd'st, stolz, dass es dir möglich,
zu Hilfe kommen unverzöglich.
Man will nur eins: *gebeten* werden,
der Herr im Himmel, du auf Erden.

Ihr seid meine Freunde
Joh 15,9-17

Wenn man das Lebenswerk eines guten Bekannten unterstützen will, bildet man einen Freundeskreis. Man kann diesen Freundeskreis als Förderverein registrieren lassen. Aber das Entscheidende an Freundeskreisen ist nicht, dass sie sich als Vereine konstituieren und die Spenden der Mitglieder steuerabzugsfähig werden. Das Entscheidende ist die Verbundenheit mit dem, der da etwas aufgezogen hat. Es liegt mir an ihm, ich stehe an seiner Seite, nicht so sehr, weil ich etwas davon habe, sondern damit er etwas davon hat. Die Verbundenheit hat mehr als den sachlichen Grund gemeinsamer Interessen; der Freundeskreis ist nicht wie ein Tierschutzverein, dessen Geschäftsstellenleitung man nicht lieben muss, wenn man die Vereinsziele teilt. Die Verbundenheit hat einen persönlichen Grund: Wir sind miteinander befreundet.

„Ihr seid meine Freunde", sagt Christus zu uns. Das soll uns gut tun. Das soll uns klar machen, in welchem Verhältnis wir zu ihm stehen. Ein Freundschaftsverhältnis ist es, kein Angestelltenverhältnis. Die Kirche ist der Freundeskreis Christi, und der ist nicht identisch mit dem Kreis der Kirchenbediensteten.

Die Kirche ist einer der größten Arbeitgeber in unserem Land. Hunderttausende sind es, die in einer der vielen Einrichtungen der Kirche arbeiten. Sie erfüllen ihre Dienstverträge, tun oft noch ein Übriges. Sie stehen in der Regel loyal zu ihrem Arbeitgeber, die Kirche kann stolz sein auf sie. Aber ein Freund ist noch einmal etwas anderes als ein Angestellter.

Es wäre schön, wenn die Angestellten zum Freundeskreis aufschlössen, nur: Verlangen können wir das nicht. Sie dienen der Kirche mit ihren Fähigkeiten; ihrem Einsatz verdanken wir den guten Eindruck, den die Öffentlichkeit von der Kirche hat. In keinen Dienstvertrag kann man freilich hineinschreiben: Du musst eine persönliche Christusliebe mitbringen. Wir dürfen sicher sein, dass Der, der zu seinen Jüngern gesagt hat: „Wer nicht gegen euch ist, der ist für euch" (Lk 9,50), erst recht zu unseren Mitarbeitern sagt: „Wenn jemand mir dient, den wird der Vater ehren" (Joh 12,26).

Freundschaft ist etwas ganz Besonderes. Christus nennt uns seine Freunde, obwohl er auf uns nicht angewiesen ist und wir seiner Freundschaft nicht wert sind. Da hätte sie mancher mehr verdient, der nicht in unseren Reihen sitzt. Was findet er bloß an uns, dass er uns in seine Intimität mit seinem himmlischen Vater aufnimmt? Dass er uns das Geheimnis des Reiches Gottes anvertraut hat (Mk 4,11)?

Paulus sieht sich in seinen Gemeinden um und schreibt, was wir Pfarrer im Blick auf unsere Gemeinden nur bestätigen können: „Da sind nicht viele Weise im irdischen Sinn, nicht viele Mächtige, nicht viele Vornehme" (1Kor 1,26). Wenn's auf die große Nummer ankäme, um zum Freundeskreis Christi zu gehören, wären wir wohl kaum dabei. Es muss also an anderem liegen als an der Lukrativität der Auserwählten.

An was liegt's? Haben wir uns beworben? Glauben wir, weil wir uns vom Glauben etwas versprechen? Christus sagt: „Nicht ihr habt mich erwählt, sondern ich habe euch erwählt." Es war seine Wahl, nicht unser Antrag. Freundschaft ist immer ein Geschenk. Wir sind Christus nahe gekommen nur, weil er uns an sich gezogen hat. Der Grund ist unerfindlich. Erfindlich ist, was er damit bezweckt, dass er uns ins Vertrauen zieht.

Das tut er nämlich: Er macht uns zu Vertrauenspersonen. Wir kriegen mit, um was es ihm geht. Wir dürfen eindringen in sein Geheimnis. Wir sind Eingeweihte. Wir haben Einblick in das, was Gott bewegt, wer Jesus ist, warum Gott in ihm zur Welt gekommen ist. Er lässt uns teilhaben an seinem Leben, an seinen Plänen, an seinen Sorgen. Uns hat er erschlossen, was so vielen klugen und mächtigen Leuten verborgen bleibt (Mt 11,25).

Und was erwartet er von uns? Dass wir damit etwas anfangen. Wie sagt er? „Ich habe euch dazu bestimmt, dass ihr hingeht und Frucht bringt und dass eure Frucht bleibt." Wir sind wie Reben am Weinstock. Aus der Verbundenheit mit ihm erwächst uns die Kraft, Frucht zu bringen. „Bleibt in meiner Liebe!" Dann setzt euer Leben Frucht an, dann kommt etwas dabei heraus. Aus dem Anschluss an ihn erwächst uns ständig die Möglichkeit, die kleine Welt, die inmitten der großen Welt unsere Welt ist, zu gestalten. Und das wiederum schenkt uns die Erfüllung, die hier im Evangelium Freude genannt wird: die Befriedigung, uns seiner Freundschaft würdig zu erweisen.

4. Werben

Menschen gewinnen
Mk 1,14-20

Wenn eine große charismatische Gestalt abhanden kommt, entsteht ein geistiges Vakuum. Als Johannes der Täufer gefangen gesetzt wurde, war das so. Wer würde seinen Platz einnehmen können? Wer würde an ihn anknüpfen und ihn weiterführen können?

Es war Jesus, der sich berufen sah, jetzt an die Öffentlichkeit zu gehen. Man sollte nicht sagen: Er ergriff seine Chance, so als ob er nur darauf gewartet hätte, religiöser Marktführer zu werden. Von sich aus wäre Jesus wahrscheinlich lieber in seiner Nazarether Verborgenheit geblieben. Es war auch nicht so, dass die Anhängerschaft des Täufers auf ihn zugekommen wäre mit der Bitte, die Rolle des Täufers zu übernehmen. Jesus stand dem Täufer nicht so nahe wie die Kardinäle dem Papst, und die Anhängerschaft des Täufers war nicht wie die Gemeinschaft von Taizé, in der nach dem Tod von Roger Schutz die Leitung wie von selbst auf Alois Löser zulief.

Jesus musste sich von innen her gedrängt gesehen haben, nunmehr seine Sendung anzutreten. Er muss gespürt haben, dass jetzt die Stunde gekommen war, aufzustehen und den Auftrag in Angriff zu nehmen, um dessentwillen er in die Welt gesetzt worden war. Der Boden war vom Täufer umgepflügt, jetzt musste gesät werden. Jetzt musste mit dem Feldzug für ein Reich Gottes in dieser Welt begonnen werden!

Solche Feldzüge würden heutzutage über die Medien laufen. In den USA arbeiten große Prediger mit Fernsehprogrammen, mit Massengottesdiensten, die sie ausstrahlen, mit sorgfältig einstudierter Rhetorik, mit Showeffekten, die bei den Massen ankommen. Die Botschaft dieser Religionsstars mag seicht sein und ein Wellness-Bedürfnis bedienen, ungeschickt und unchristlich ist sie nicht. Dennoch können wir uns Jesu Reich-Gottes-Propaganda nicht in solchen Formaten vorstellen. Und das ganz gewiss nicht, weil ihm die heutigen technischen Mittel nicht zur Verfügung standen, auch nicht, weil er mit großen Volksmengen umzugehen kein Talent gehabt hätte, sondern weil er, statt auf Suggestion, auf Mund-zu-Mund-Propaganda setzte.

Vorgeschrieben hat er diese Vorgehensweise nicht, aber vorgemacht. Er verkündete: Es ist so weit, das Reich Gottes bricht an. Und diejenigen, bei denen das zündete, scharte er nun um sich. Nicht wie bei einer Vortragsveranstaltung, nach der die Zuhörerschaft, und wenn sie noch so erfüllt ist vom Gesagten, wieder auseinander geht, nein, Jesus zog gleich Menschen heran mitzumachen. Simon und Andreas warb er sofort an als Multiplikatoren. Jakobus und Johannes waren die nächsten. Anderntags traf er Philippus und sprach ihn an, und Philippus traf Natanael und sagte zu ihm: Wir haben den gefunden, über den Mose und die Propheten geschrieben haben (Joh 1,43-45).

Könnte man sagen: Schneeballsystem? Auf jeden Fall: persönliche Ansprache! Du, komm und mach mit! Ich möchte dich dabeihaben! Wer die Vorgehensweise Jesu nicht schlechterdings überliest, dem wird bewusst: Das Reich Gottes wird nicht einfach angesagt, es wird angesammelt! Mk 1,14-20 ist ein erster von vielen Belegen dafür.

Auch im 21. Jahrhundert erreichen wir die Menschen nicht durch den bloßen Aushang von Plakaten und die Verteilung von Handzetteln. Es geht nichts über die persönliche Ansprache. Bei der Botschaft Jesu ist das sogar nicht nur ein Stilmittel, sondern Teil der Botschaft. Wer Menschen gewinnen will, darf sie nicht nur informieren, er muss sie mitnehmen.

Wer mitgeht, lässt anderes liegen. Simon und Andreas ließen ihre Netze liegen und folgten Jesus. Jakobus und Johannes ließen ihren Vater mit seinen Taglöhnern im Boot zurück und sich von Jesus mit Beschlag belegen. Man darf das nicht als Im-Stich-lassen des Vaters missdeuten und den armen Zebedäus zu bemitleiden anfangen. Man darf das erst recht nicht als Flucht aus der Berufsarbeit interpretieren und so tun, als würden sich Fischer zu Sozialhilfeempfängern machen und hinfort anderen auf der Tasche liegen. Nicht einmal das ist gemeint, dass aus Fischern Umschüler werden, die sich zu hauptamtlichen Missionaren umschulen lassen.

Jesus gründet ein Reich Gottes in der Welt und sammelt Menschen, die sich dem Aufbau dieses Reiches widmen, die darin die Priorität ihres Daseins sehen. Da mitzumachen schließt ein, dass man nicht anderes an die erste Stelle setzt, den Broterwerb nicht, die sozialen Bindungen nicht, schließt auch ein, dass man nicht vom Reich Gottes, sondern für das Reich Gottes leben will. Irdische Bedürfnisse gilt es nach wie vor zu befriedigen, irdische Pflichten nach wie vor zu erfüllen. Aber das Sinnen und Trachten kreist nicht mehr um sie.

Jesus hat nicht gesagt: Suchet zuerst das Reich Gottes, und alles andere kann euch gestohlen bleiben. Er hat gesagt: Suchet zuerst das Reich Gottes und alles andere wird euch dazugegeben werden (Mt 6,33).

Um Menschen zu fischen, bedarf es keiner gesonderten Ausbildung. Ein Jünger Jesu ist aber auch nicht der, der bloß studienhalber verfolgt, ob sich in Sachen Reich Gottes etwas tut oder nicht. Wem an einem Reich Gottes in dieser Welt liegt, wird durch sein Denken, Reden und Tun zum Zubringer: er bringt das Reich Gottes zu den Menschen und die Menschen zum Reich Gottes.

Barmherzigkeit macht Eindruck
Lk 10,25-37

Die Nächstenliebe ist ein weites Feld. Sie ist Gott sei Dank kein weißer Fleck, sondern das Herz auf dem rechten Fleck der Christenheit. Auch wenn wir Christen dieses weite Feld nicht für uns alleine haben wollen und andere Weltanschauungen dort nicht dulden, sondern im Gegenteil begrüßen, gibt es doch keine Weltanschauung, für die mit der Nächstenliebe die Religion selber steht und fällt wie für das Christentum.

Evangelien wie das vom barmherzigen Samariter haben eine gewaltige Wirkung gehabt. Was hat bereits die junge Kirche zu etwas ganz Besonderem gemacht? Es war die bis dato einmalige Verknüpfung von Glauben und Handeln. In der Verbindung von Gottesverehrung und Lebensweise hat die Kirche von Anfang an alle religiöse Konkurrenz übertroffen. Kult und Praxis verschwistert hat erst das Christentum, Gottesliebe und Nächstenliebe zu zwei Seiten einer einzigen Medaille gemacht hat erst die Kirche.

Am Morgen des Christentums, in der Spätantike, gehörten Barmherzigkeit und Demut nicht zu den Tugenden, Gewaltverzicht und Feindesliebe waren unvorstellbar. Das alte Rom war höchst verwundert, als da plötzlich Menschen waren, die handelten wie der barmherzige Samariter; Zuwendung zu Menschen, die einen nichts angingen, war ein absolutes Novum.

Tätige Nächstenliebe ist das Herz- und Handwerk der Christenheit geblieben. Sie ist auch in unseren Tagen das

Markenzeichen der Kirche. Als caritative Dienstleisterin wird sie am ehesten respektiert. Wie viel von dem, was heute durch Sozialgesetze geregelt ist, auf die Kirche zurückgeht, dürfte allerdings den wenigsten Zeitgenossen bekannt sein. Krankenbetreuung, Rechtsschutz für Witwen und Waisen, Armenfürsorge bis hin zur Berufsausbildung elternloser Jugendlicher sind in den frühchristlichen Gemeinden entstanden, entwickelt und teilweise schon institutionalisiert worden.

Gewiss gab es Hilfeleistungen auch in der nichtchristlichen Antike. Bettler haben Almosen erhalten, Katastrophenopfer wurden bedacht, Gastfreundschaft war selbstverständlich. Aber die Nothilfe ging nicht über den Familien- und Freundeskreis hinaus, und wenn der Staat Nothilfe leistete, dann tat er es aus Sicherheitsgründen: um Unruhen zu vermeiden. Darin eine Verpflichtung zu sehen, darin den Prüfstein der Religiosität zu sehen, war dem Heidentum fremd. Mit Opfern für die Götter war alles getan, was man schuldig war. Die Gleichstellung der Nächstenliebe mit der Gottesliebe war etwas spezifisch Christliches.

Wer versorgte einst einen Kranken, wenn er nicht von seiner Familie betreut werden konnte? Die Antwort: niemand. Krankenhäuser und Hospize gab es nicht. Es gab nur Lazarette für Soldaten und Spitäler für Sklaven – bezeichnend: Gepflegt wurde nur zur Wiederherstellung der Wehr- und der Arbeitskraft. Für uneigennützige Hilfe fehlte die weltanschauliche Basis. Die Pflege von Menschen, die zu nichts mehr gut sind, ist erst mit dem Christentum gekommen.

Kurze Zeit, nachdem die Christen Religionsfreiheit erhalten hatten, versuchte Kaiser Julian, das Staatsschiff noch einmal in Richtung Heidentum umzusteuern und zu diesem Zweck der alten Staatsreligion eine soziale Komponente zu geben. In einem Brief von ihm heißt es: „Die Christen füttern außer ihren eigenen auch noch unsere Armen durch. Gerade diese Dinge haben das meiste zur Verbreitung des Christentums beigetragen: Barmherzigkeit gegen die Fremden, Sorge für die Bestattung der Toten und die Ehrbarkeit ihrer Lebensführung." Also wollte Kaiser Julian den Tempelkult mit Armenfürsorge kombinieren, wie die christlichen Kirchen zugleich Caritasstellen waren. Es funktionierte nicht; die Tempelpriester verweigerten jegliche Samariterdienste, für derlei da zu sein, ging nicht in ihre Köpfe. Ambrosius, der Bischof von Mailand, spottete seinerzeit: „Sollen doch die Heiden einmal sagen, wie viele Gefangene die Tempel freigekauft haben, wie viele Lebensmittel sie unter die Armen verteilt haben, wie vielen Flüchtlingen sie Unterhalt gewährt haben."

Samariterdienste sind bis auf den heutigen Tag etwas typisch Christliches geblieben. Wir sind stolz darauf, dass sich der Sozialstaat aus christlichen Vorgaben und Vorbildern entwickelt hat. Und wo er nicht hinreicht, fühlen wir uns nach wie vor verpflichtet zu schauen, was wir machen können. „Geh hin und handle genauso!", sagt Jesus zum Schluss seines Gleichnisses vom barmherzigen Samariter. Er soll es nicht umsonst gesagt haben. Von denen, die vor uns Christen waren, wollen wir uns im Samaritertum beflügeln lassen.[8]

---

[8] Vgl. zum Ganzen: E. DASSMANN: *Christliche Innovationen am Beginn der Kirchengeschichte.* In: StdZ 217 (1999), S. 435-446.

Wie wär's mit mehr
Lk 14,25-33

Der letzte Satz ist Antiwerbung für das Christentum. Wenn das ernst gemeint ist, wird jeder normale Mensch sagen: ohne mich. Bei aller Liebe, aber auf den ganzen Besitz verzichten, das geht nicht.

Man könnte zwar witzigerweise eine Rechnung aufmachen und sagen: Nun ja, dann ist, wer auf den halben Besitz verzichtet, wenigstens ein halber Christ, und wer auf drei Prozent seines Besitzes verzichtet, wenigstens ein dreiprozentiger Christ. Aber genau diese Rechnung will Jesus nicht aufgemacht haben. Entweder ganz oder gar nicht!

Zum Beweis dafür, dass Jesus „entweder ganz oder gar nicht" meint, stehen da zwei Vergleiche: Wer einen Turm bauen will und nicht das Geld dazu hat, lässt' s besser bleiben, und wer einen Krieg führen will und nicht die Soldaten dazu hat, lässt die Finger davon. Auf etwas hinaus zu wollen, wozu die Mittel fehlen, kann nur in einem Fiasko enden. Wer mir nachfolgen will, sagt Jesus, setze sich zuerst hin und überlege, ob er die Kraft dazu hat, sonst nehme er besser Abstand davon als sich zu ruinieren. [9]

Es ist also nichts mit Teilnachfolge und Teilverzicht. Jesus scheint sogar erstaunlicherweise sagen zu wollen: Niemand muss mein Jünger sein, nur, wenn er es sein will, dann ganz. Halb gibt's nicht, entweder ganz oder gar nicht.

---

[9] Vgl. J. SCHMID: *Das Evangelium nach Lukas.* (RNT 3.) Regensburg ⁴1960, S. 248.

Leichter wird uns allerdings mit dieser Einsicht die Erklä-
rung des Evangeliums nicht gemacht. Wer ist denn dann
überhaupt Christ, wenn Christsein den völligen Besitzver-
zicht einschließt! Mit „ganz oder gar nicht" fühlt man sich da
erst recht vor den Kopf gestoßen.

Also rennen die Schriftausleger den Davonlaufenden
schnell hinterher und rufen ihnen zu: Halt, das ist doch nur
im übertragenen Sinn gemeint. Das ist nicht wörtlich zu
nehmen. Ihr müsst nicht wirklich euren Besitz aufgeben und
nicht wirklich die Familie verlassen. Jesus will damit nur sagen, dass er euch wichtiger sein will als alles andere. Ihn
wichtiger sein zu lassen als alles andere, ist so schwer auch
wieder nicht. Es heißt ja nicht: entweder er oder etwas anderes, sondern es heißt nur: alles in seinem Sinn verwenden.

So kann man diese und ähnliche Bibelstellen entschärfen.
So kommt man ohne Textoperationen zu einer gefälligen
Auslegung. Wir wären alle froh, wenn sie richtig wäre. Aber
sie ist nur eine andere Version des zuerst genannten Ermäßi-
gungsversuchs. Statt quantitativ „es genügt ein Teil" jetzt qua-
litativ „es genügt die Einstellung". Diese Auslegung geht freilich, so lieb sie uns wäre, dem Wort Jesu gegen den Strich.
Kommt man um den Bruch mit der Herkunft und die Preis-
gabe der Zukunftssicherung[10] herum?

Wie Jesus verstanden werden will, ergibt sich aus dem bekannten Gespräch mit dem reichen Jüngling. Auf dieses Ge-

---

[10] Für F. BOVON: *Das Evangelium nach Lukas II (EKK III/2)*. Zürich-
Düsseldorf und Neukirchen 1996, S. 537, ist dies die Pointe der Verse 26
und 27.

spräch müssen wir zurückgreifen. Was muss ich tun, um das ewige Leben zu gewinnen?, hatte der reiche Jüngling gefragt (Mk 10,17). Die Antwort Jesu: Die Gebote halten, du kennst sie doch! Erst danach, als der junge Mann, offenbar ein Idealist, zu erkennen gab, schier nicht glauben zu können, dass das genüge, um vollkommen zu sein, zeigt Jesus ihm das Darüber hinaus und sagt: Wenn du mehr tun willst – zur Vollkommenheit fehlt dir noch eins: Verkauf, was du hast, gib das Geld den Armen und folge mir nach.

Mit anderen Worten: Es besteht ein Unterschied zwischen Gebotehalten und Vollkommenheit,[11] zwischen geben, was man schuldig ist, und alles geben. Wer die Gebote hält, ist auf Reich-Gottes-Kurs. Aber alles aus sich herausgeholt hat er damit noch nicht. Vollkommen kann nur sein, wer sich am Maximum und nicht am Minimum orientiert, wer darin Jesus nachfolgt und Gott nicht nur das Vorgeschriebene, sondern alles gibt. Die Zehn Gebote markieren die Untergrenze, unterhalb deren eine Störung des Betriebsfriedens vorliegt; nach oben, zur Vollkommenheit, sind keine Grenzen gesetzt, da beginnt in der Nachfolge Christi die völlige Ungebundenheit, die völlige Selbstaufgabe;[12] man hat, wie ein Ballon, der ganz weit hinauf kommen will, allen Ballast abgeworfen.

---

[11] Vgl. M. LIMBECK: *„Stecke dein Schwert in die Scheide…!“*. In: Bibel und Kirche 37 (1982), S. 98-104, hier S. 101. Der besondere Anruf Jesu zur Jüngernachfolge ergeht nicht an alle Reich-Gottes-Anwärter, betont R. SCHNACKENBURG: *Christliche Existenz nach dem Neuen Testament I*. München 1967, S. 90ff.

[12] Vgl. R. GUTZWILLER: *Die Gleichnisse des Herrn*. Einsiedeln 1960, S. 134.

Der reiche Jüngling schaffte es nicht, Jesus nachzufolgen. Es werden wohl immer wenige sein, die Jesus bis in die Vollkommenheit nachfolgen, und viele, die ihm nachschauen.

5. Ermutigen

Habt keine Angst
Mk 4,35-41

Mit Stürmen im Leben rechnen wir nicht, und mit Stürmen im Leben können wir schlecht umgehen. Nur wenige Menschen sind darauf gefasst, dass es wie zur See, so auch im Leben ohne lange Vorwarnung stürmisch werden kann. In Seenot zu geraten, ist zwar ein spannender Stoff für Filme, aber wenn über unser eigenes Leben, ohne dass wir uns mutwillig in Gefahr begeben, Probleme wie Wellenberge über uns herfallen, sind wir wie vor den Kopf geschlagen. „Das gibt's doch nicht!", sagen wir dann. „Noch nie in meinem Leben habe ich Beziehungsprobleme, habe ich gesundheitliche Probleme gehabt", „es ist mir völlig unerklärlich, warum es plötzlich so knüppeldick kommt".

Wir, die wir schnell schimpfen, wenn es in der Politik kein Krisenmanagement gibt, stehen Drunter- und Drüber-Situationen in unserem eigenen Leben meist hilflos gegenüber. Der Hauptgrund, weshalb wir nicht gewappnet sind, ist, dass wir uns an ein risikoarmes Leben gewöhnt haben. Die meisten Menschen haben eine Vorstellung vom Leben, zu dem das Toben der Elemente einfach nicht gehört. Das Leben hat störungsfrei zu verlaufen. Probleme jenseits dessen, was die Versicherungen abdecken, hat es nicht zu geben. Mehr als Stürme im Wasserglas sind nicht einkalkuliert. Dass das Leben aus Ruhe *und* Sturm, aus beherrschbaren Strecken *und* aus unbeherrschbaren Strecken besteht, will kaum jemand wahrhaben.

Je länger wir nicht in Seenot geraten, desto konsternierter sind wir, wenn es uns erwischt. Wir sind einfach davon ausgegangen, dass die großen Probleme um uns einen Bogen machen, und im Umgang mit den kleinen Wellen haben wir uns nicht einüben können, was man macht, wenn ein Orkan daherkommt. Es ist ja durchaus möglich, dass wir gänzlich ungeschoren durchs Leben kommen; je länger wir von Krisen und Krankheiten, von Arbeits-, Ehr- und Partnerverlusten verschont geblieben sind, desto höher ist ja auch die Wahrscheinlichkeit, dass es uns nicht mehr trifft, desto angefochtener sind wir aber auch, wenn wir mit einem Mal doch vor Abgründen stehen.

Besonders angefochten sind dann oft nicht die ungläubigen, sondern die gläubigen Menschen. Gerade weil für den gläubigen Menschen das Leben nicht ein Lotteriespiel ist, ist er im Krisenfall schnell geneigt zu sagen: „Warum ich? Ich hab's doch nicht verdient!", als ob die Stürme sich ihre Opfer nach schuldig und unschuldig aussuchten! Vor allem wird's dem gläubigen Menschen zur grundsätzlichen Frage an Gott: „Warum lässt du überhaupt Krisen zu? Es liegt doch an dir, das Leben für uns Menschen so einzurichten, dass Stürme gar nicht aufkommen!"

In diesem Zusammenhang müssten wir einmal das Buch Hiob im Alten Testament studieren und verfolgen, wie ein gläubiger Mensch, der aus heiterem Himmel in nicht enden wollende Krisen gerät, mit Gott rechtet. Kurz und bündig finden wir die Fassungslosigkeit eines solchen Menschen auch im heutigen Evangelium ausgedrückt: „Kümmert es dich nicht, dass wir untergehen?", rufen die Jünger Jesus zu.

Es handelt sich bei den Jüngern immerhin um Berufsfischer. Sie haben gewiss schon mit hohem Wellengang zu tun gehabt. Sie gehören nicht zu jenen naiven Menschen, die meinen, das Toben der Elemente sei dem Leben wesensfremd. Sie haben auch alles bis zu jenem Punkt hin getan, vor dessen Erreichen Gott absichtlich nicht hilft. Sie haben den ersten Teil des Satzes „Hilf dir selbst, dann hilft dir Gott" erfüllt. Sie haben getan, was in ihrer Macht stand, ganz anders als jener Schüler, der statt auf die Klassenarbeit zu lernen, in der Kirche eine Kerze aufsteckte in der Annahme, dann könne nichts schief gehen. Nein, sie hatten ihr ganzes Know-How und ihre ganze Kraft eingesetzt. Aber die Krise war ihnen über den Kopf gewachsen. Ihr Ruf „Kümmert es dich nicht, dass wir untergehen?" kommt also wirklich am Ende ihres Lateins.

Die Reaktion Jesu: Er stillt den Sturm. Der See ist schlagartig ruhig. Jesus zeigt, dass er Herr der Elemente ist. Aber irgendwie scheint es ihm nicht recht zu sein, zu einem Wunder herausgefordert worden zu sein. Es ist als ob er warnen wollte, immer dann, wenn wir mit unserem Latein am Ende sind, von ihm ein Wunder zu erwarten.

Am liebsten wäre uns, wenn wir die Stillung des Seesturms so auslegen dürften, dass unser Herr und Heiland zur Lösung für uns unlösbarer Probleme nur gerufen zu werden braucht. Auf eine Automatik „Der Mensch ist am Ende – Gott greift ein" will Jesus aber nicht hinaus. Auf was dann?

Hinaus will er auf unser Vertrauen. Er sagt: „Warum habt ihr solche Angst? Habt ihr noch keinen Glauben?" Dass Stürme kommen, macht uns so fix und fertig, dass wir gar nicht sehen, dass Gott in den Stürmen Halt bietet. Während wir sagen: „Wenn Gott Gott ist, darf es so weit nicht kommen", sagt Gott: „Wenn es so weit kommt, halte ich dich. Nicht, dass du plötzlich vor Abgründen stehst, soll dir Angst machen, sondern dass du dann womöglich keinen Halt an mir hast."

Stürme gehören zum Leben. Sie können jederzeit über uns herfallen. Gott will dann aber nicht Menschen sehen, die fassungslos die Hände vors Gesicht schlagen, sondern Menschen, die schöpfen, schöpfen und noch einmal schöpfen, um der eindringenden Wassermassen Herr zu werden, die also alle Krisenbewältigungsmöglichkeiten und -techniken nützen. Und er will sehen, dass wir das nicht aus Verzweiflung tun, sondern in dem festen Vertrauen, dass er hinter uns steht, und wenn alle Stricke reißen, sich als unser Halt erweist.

Paulus sagt: „Wenn ich schwach bin, bin ich stark" (2Kor 12,10). Er meint damit: Wenn ich gar nicht mehr kann, merke ich erst so richtig, welchen Halt ich an Gott habe.

Sich nicht versagen
Mk 6,30-34

Die Bibel richtig auslegen heißt, eine Aussage in dem Zusammenhang sehen, in dem sie steht, und in den Zusammenhang bringen, der heute dem damaligen Zusammenhang entspricht. Sonst nimmt man die Geschichte vom barmherzigen Samariter schließlich für Kegelbahngebühren, Kindergartenplätze und Mülldeponien in Anspruch, wo sie genauso wenig verloren hat wie das Wort „Wer von euch ohne Sünde ist, werfe den ersten Stein" bei Kirchenbau-, Mitbestimmungs- oder Esoterikfragen. Ähnliches würden wir mit diesem Evangelium machen, wenn wir so tun wollten, als wäre es ein Evangelium für Urlauber, nur weil Jesus zu den Aposteln sagt „Ruht euch ein wenig aus".

Das „Ruht euch ein wenig aus" ist sehr wohl ernst gemeint, auch wenn es nicht Wasser auf die 35-Stunden-Woche der Gewerkschaften und kein Werbespot für Reisebüros oder Schlaraffia-Matratzen ist. Jesus weiß: Die physische Leistungsfähigkeit meiner Mitarbeiter hat Grenzen. Er selbst kennt Müdigkeit; nach hartem Einsatz ist jeder erschöpft, Jünger wie Meister.

Dies ist keine biblische Offenbarung, dies ist eine bekannte Tatsache, und hier steht nur, dass Jesus den Seinen anspürt, dass sie Ruhe brauchen und dass er dem Rechnung tragen will. Wenn's zu der Ruhe gekommen wäre, stünde davon kein Wort in der Heiligen Schrift. Das Behaltenswerte folgt erst, und deshalb kann auf dem, was lediglich die Ausgangs-

Situation für das Folgende schildert, keine Theorie aufgebaut werden.

Nun soll's ja vorkommen, dass man Ruhe braucht und trotzdem keine findet. Markus erinnert sich, dass die Apostel von solchen Tagen erzählt haben. Nicht einmal zum Essen reichte es, und nicht einmal das Davonfahren in eine einsame Gegend half: Immer waren Leute da, an Ruhe war nicht zu denken.

Wahrscheinlich hätte auch diese Umlagerung Jesu alleine noch nicht ausgereicht, im Evangelium festgehalten zu werden. Wenn da nicht etwas hinzugekommen wäre, hätte kein Grund bestanden, von der längst beschriebenen Umlagerung Jesu noch einmal zu reden. Also darf man auch in diese ruheverhindernde Zudringlichkeit nicht viel hineingeheimnissen oder daraus gewichtige Aussagen für heute gewinnen wollen.

Dass die Leute wie Kletten an ihm hingen, hat Jesus aber zu einer Äußerung veranlasst, die den Zuhörern aufgefallen und in Erinnerung geblieben ist. Allein dieser Äußerung wegen ist der heutige Evangelien-Abschnitt später zu Papier gebracht und in der Kirche überliefert worden. Jesus hatte nämlich gesagt, er habe Mitleid mit den Leuten, sie kämen ihm vor wie Schafe, die keinen Hirten haben.

Um diese Aussage geht's also, und diese Aussage ist es, die an die entsprechende Stelle unserer Gegenwart gebracht werden muss, wenn Bibel richtig ausgelegt werden soll.

Als erstes ist hier die Einstellung Jesu festgehalten. Die Menschen dauern ihn. Selbst wenn sie zur Last werden, überwiegt sein Mitleid. Nicht dass er sich und den Aposteln

Ruhe gönnen will und dann doch nicht gönnt, zeigt diese Begebenheit, sondern dass das Erbarmen mit den Menschen mehr als jedes andere Bedürfnis sein Verhalten bestimmt. Auch dort noch, wo die Zudringlichkeit auf die Spitze getrieben ist, leitet ihn diese Einstellung. Nachgiebigkeit wäre nicht das richtige Wort dafür. Empathie ist es. Er hatte Mitleid, deswegen widmete er sich den Leuten.

Die Menschen kamen ihm vor wie Schafe ohne Hirten. Er hätte auch sagen können: wie Kinder ohne Mutter. Sie sind hilflos und orientierungslos. Was sich daraus für Jesus ergibt, steht gar nicht mehr da. Aber es ist mit Händen zu greifen und im übrigen durch die Evangelien insgesamt aufs erfreulichste belegt. Es ergibt sich für ihn daraus, dass er ihnen Hirte sein muss. Was ist Mitleid, wenn es nicht bereit ist, Verantwortung zu übernehmen!

In diesem Stück Evangelium haben wir also zum Mitleid Jesu als seiner Grundeinstellung hinzu des weiteren dokumentiert, wozu ihn das Mitleid veranlasst, nämlich, an die Stelle des fehlenden Hirten, der fehlenden Mutter zu treten. Die Hilflosen und Orientierungslosen, die Mühseligen und Beladenen dürfen sich an ihn wenden – Er wird sie führen. Heute ist das keine Spur anders. Wer ihn Hirte sein lässt, erfährt es.

Hirte aus Mitleid: In erster Linie ist und bleibt das eine Aussage über Jesus selbst. Aber sie prägt natürlich alle, die seine Jünger sein wollen, mit. Die Apostel haben sich ihren Teil davon abgeschnitten, wir sollten es im Rahmen unserer Möglichkeiten auch tun.

Wer sucht, der findet
Lk 11,9-10

„Wer sucht, der findet". Der Ton liegt zunächst einmal auf dem Wort „sucht". Wenn ihr sucht, dann werdet ihr finden. Ohne Suche wird selten etwas gefunden.

Das ist eine einfache Erfahrungstatsache. Man darf in dieses Wort Jesu nicht wunder was hineingeheimnissen. Er sagt nichts Neues. Er sagt nur, was alle wissen: dass zwischen Bitten und Empfangen, zwischen Anklopfen und Geöffnet-Bekommen, zwischen Suchen und Finden ein Zusammenhang besteht. Je mehr ich mich an den Laden lege, desto größer sind meine Chancen, das Gewünschte zu erreichen.

Alle nicken mit dem Kopf, wenn es – mit Betonung auf dem ersten Wort – heißt: „Bittet, dann wird euch gegeben; sucht, dann werdet ihr finden". Und weil das geradezu sprichwörtlich ist, eine Regel ist, die seine Zuhörer selbst in den Mund nehmen, knüpft Jesus an sie an, um etwas in Bezug auf Gott sehr Wichtiges klarzumachen.

Er macht nicht einmal eine Überleitung. Er sagt nicht einmal: Die Erfahrung, die ihr untereinander macht, könnt ihr auch mit Gott machen. Er spricht die Regel so aus, als ob sie immer schon von Gott gehandelt hätte. Das ist das Neue: nicht das Sprichwort an sich, sondern die selbstverständliche Einbeziehung Gottes in die Alltagserfahrungen der Menschen. Ihr wisst ja von euch, wie das ist – sagt Jesus – : Man muss eben bitten, wenn man etwas haben will, suchen, wenn man etwas finden will, anklopfen, wenn man geöffnet haben will.

Die Botschaft ist eindeutig: Wenn das bei euch doch gewiss so ist und kein Mensch seinem Sohn einen Stein gibt, wenn der um Brot bittet (vgl. Mt 7,9), um wie viel mehr muss es dann bei Gott so sein! Ihr werdet doch nicht im Ernst annehmen, dass er euch zum Possen das Gegenteil von dem tut, um was ihr ihn ersucht!

Nun ist der Ton aber unmerklich schon vom Suchen aufs Finden gerückt. Es geht um die Zusage: „der findet". Wer sucht denn, wenn das Finden aussichtslos ist! Wir merken sehr wohl, dass die drei Sätze zusammengehören: „Wer bittet, der empfängt; wer sucht, der findet; wer anklopft, dem wird aufgetan". Schön parallel gebaut, wollen diese drei Sätze wie drei Säulen ein Einziges tragen: Gott wendet sich uns zu, wenn wir uns an ihn wenden. Davon könnt ihr in jedem Fall ausgehen, will Jesus uns sagen.

Viele Menschen würden gerne davon ausgehen, wenn ihnen das nicht als erwiesenermaßen leeres Versprechen vorkäme. Es geht ihnen wie Goethes Faust: „Die Botschaft hör ich wohl, allein mir fehlt der Glaube". Sie haben sich in dringenden Anliegen an Gott gewendet, und nichts hat sich getan. Sie haben Novenen gehalten, Wallfahrten gemacht, sogar Gelübde getan; es war umsonst. Und es war nicht eine verlegte Brille, die man gesucht hat, und um die zu bitten es einem guten Katholiken auch der heilige Antonius getan hätte, der bloß nicht helfen wollte oder konnte. Wichtiges stand auf dem Spiel: Beruf und Fortkommen, Ehe und Familie, Leib und Leben – und trotz allen Anklopfens blieb man vor verschlossener Tür.

Selbst wenn man abzieht, dass wir undankbar und vergesslich sind und neun von zehn geheilten Aussätzigen die Gebetserhörung wie eine Selbstverständlichkeit einstreichen oder als Gebetserhörung nicht anerkennen, bleibt ein Rest. Wir haben vertrauensvoll angeklopft, und es hat sich nichts aufgetan. Daran machen wir herum.

Das Problem ist, auf was sich das Suchen bezieht. Wir denken unbewusst materialistischer als Jesus, der ganz idealistisch denkt. Wir suchen ganz bestimmte Dinge, gewiss auch hohe und wichtige Güter, während Jesus nicht die Zuwendung irgendwelcher Sachen, sondern die Zuwendung Gottes selber im Auge hat. Wer Ihn sucht, der findet ihn auch, will er sagen, und „dann wird euch alles andere dazugegeben" (Mt 6,33).

Gott lässt sich von jedem Menschen finden, der ihn sucht. Gott lässt keinen Menschen vor der Tür stehen, der zu ihm kommen will. Wer Gott empfangen will, ihn bei sich haben will, bittet ihn nicht umsonst darum.

Jesus wird nicht grob. Er sagt nicht: Du suchst gar nicht Gott, du suchst nur eine gute Klinik, du suchst nur gut erzogene Kinder, du suchst nur Recht im Streit. Er schlägt uns das nicht um die Ohren. Aber das macht er klar, dass alle Probleme sich lösen lassen, wenn wir den Schlüssel zur Problemlösung überhaupt gefunden haben. Der gefundene Gott ist der gefundene Schlüssel.

Habe ich ihn gefunden – und wer ihn sucht, der findet ihn, sagt Jesus – , dann findet sich alles andere. „Antwort auf alle Fragen gibt uns dein Wort", geht ein modernes Lied. Wege werden passierbar, die mir blockiert erschienen, Umstände werden hinnehmbar, die mich fertig gemacht hätten. Ich wachse über mich hinaus. „Mit meinem Gott überspringe ich Mauern", heißt es schon im Buch der Psalmen (18,30).

Darum lohnt es sich, Gott zu suchen. Gott ist lehrreich und nahrhaft. Und wer ihn sucht, der findet ihn auch.

6. Heilen

Einsatz gegen Aussatz
Mk 1,40-45

Meine lieben Mit-mir-Christen,
soweit nicht auf Abfahrtpisten
oder gar im Bett geblieben,
dafür all die andern Lieben,
die die Messe jetzt besuchen
und beim Herrgott Punkte buchen!

Hört in Versform meine Predigt!
Nichts von dem hat sich erledigt,
was die Bibelstell' von heute
aufgeworfen hat, ihr Leute.
Wie ja überhaupt die Bibel
falsch liest, wer als Märchenfibel
oder als Museumsware
sie betrachtet. Ich erspare
umstandshalber mir die Glossen
über solche Zeitgenossen,
spieße lieber eure Grätze,
euer Weg- und Ausgesetze,
eure Maul- und Klauenseuche,
euer Andre-Fortgescheuche
auf und zeige, dass im Falle
dieser Krankheit wirklich alle
sollten sich an Jesus wenden,
der das Unheil kann beenden,
denn in ihm ist Kraft und Power,

Aussatz, und ich sag's genauer,
Aussetzung zu allen Zeiten
in uns Menschen zu bestreiten,
zu bekämpfen, zu besiegen,
Aus- in Einsatz umzubiegen.

Lepra gibt's in unserm Lande
nicht mehr, dafür sehr verwandte
Leiden: Krebs und Aids und Süchte,
und die sind wie Bleigewichte,
die das Leben abwärts ziehen.
Wer wird sich da noch bemühen,
statt in Selbstmitleid zu flüchten,
sich dagegen aufzurichten!
Unrein fühlt man sich geworden,
fehl am Platz an allen Orten.
Der Entzug der Lebensträume
oder Hast, dass nichts versäume
man vom kleinen Rest der Tage,
hockt gespenstergleich als Plage
vielen Kranken dann im Nacken,
und sie fürchten zu versacken.
Stellen wir die armen Säcke
doch nicht achtlos in die Ecke!
Auch ein Leben, das an Krücken
leben muss, nicht zum Entzücken
sicher derer, die betroffen,
darf auf einen Heiland hoffen.
Sich nicht selber auszugrenzen:
dies zählt zu den Konsequenzen,

die wir aus der Bibel ziehen
um vor Ihm dann hinzuknien
und zu sagen: Sieh mein Leiden,
denn Du weißt es zu bestreiten,
zu bekämpfen, zu besiegen,
Aus- in Einsatz umzubiegen.

Dies war erstens. Und nun zweitens:
Aussatz gibt's auch nämlich seitens
derer, die nichts wissen wollen
voneinander oder schmollen,
die aus ihrem Leben drängen
jeden, der sie könnt' beengen,
die „Hinaus mit euch!" krakeelen
und „Ihr sollt zum Teufel stehlen
euch, ihr habt hier nichts verloren,
ihr Senilen und ihr Mohren!
Schiebt die Alten in die Heime,
schickt die Neger auf die Bäume,
soll'n die Ossis selber schauen,
uns den Wohlstand nicht versauen!"
Aussetzung heißt solcher Aussatz.
Da, im Hirn fängt an die Großhatz,
wird zur Maul- und Klauenseuche,
bis da liegt die erste Leiche.
Keiner von den Luftverpestern
sagt dann: Was ich gestern
hirnrissig von mir gegeben,
hat sie ausgesperrt vom Leben.
Dieser Aussatz kann zersetzen

alles, was in vielen Sätzen
uns das Christentum vermittelt.
Ob der Heiland uns nicht schüttelt
und uns lässt in seinen Armen
wieder finden zum Erbarmen?
Denn mit Ihm ist dieses Leiden
in den Herzen zu bestreiten,
zu bekämpfen, zu besiegen,
Aus- in Einsatz umzubiegen.

Christus Arzt! In seiner Praxis
gibt's nicht Pillen, und dann hat sich's,
sondern wird das Herz erneuert
und an Liebe nachgefeuert.
Dies zeigt drittens und zum letzten
bei Kritik sich. Wenn man hetzen,
keinen guten Faden lassen,
stets nur Anschiss kann verpassen,
dann hat, wer damit behaftet,
auch ein Leiden nicht verkraftet,
das mit Aussatz hängt zusammen
und trägt deshalb seinen Namen.
Er hat nämlich „auszusetzen"
immer etwas, reißt in Fetzen
allen andern ihre Sachen,
gar nichts kann man recht ihm machen.
Beiderlei Geschlechts sind solche,
ihre Zungen sind wie Dolche.
Keine Mahlzeit ohne Rüffel,
jeder Wein ein räs' Gesüffel,

Kirche, Schule, Nachbarn, Wetter
Metzgers Wurst und Schreiners Bretter,
nichts, was nicht verkracht und blöde,
nichts, was etwas Freude böte.
Auszusetzen ohne Ende
haben sie und beide Hände
in den Taschen; ich kenn Dutzend,
die nie Hände sich beschmutzend,
stets nur haben auszusetzen
und die anderen vergrätzen.
Doch auch diesem Ausgesetze,
dem Geschimpfe und Geätze,
all den lästerlichen Faxen
ist ein göttlich Kraut gewachsen.
Ihm gelingt's auch dieses Leiden
in den Herzen zu bestreiten,
zu bekämpfen, zu besiegen,
Aus- in Einsatz umzubiegen.

Umlieben statt umlegen
Lk 6,27-38

Liebe Christen und Christinen,
alle, die ihr seid erschienen,
während andre fastnachtstrunken
eben erst ins Bett gesunken!
Doch auch wir an Fastnacht können
uns ein kleines Extra gönnen,
und so wird die heut'ge Predigt
ganz in Vers und Reim erledigt.

Nicht mit Dreck will ich zwar werfen,
aber schon ein bisschen nerven,
ungenervt darf der nicht bleiben,
dem man etwas will verschreiben.
Und verschrieben wird uns allen,
will es uns auch nicht gefallen,
dass wir, einzeln und Gemeinde,
lieben müssen unsre Feinde.

O wie sehr wir uns doch winden
und aus Hunderten von Gründen
dies für undurchführbar halten.
Wie die Jungen, so die Alten
haben ihre Psychologen,
die der Sache nicht gewogen
und sich alle Leute loben,
die am Feinde aus sich toben.

Aggressionen auszuleben,
ja nicht etwas zu vergeben,
schulde man dem Seelenwohle
sagen sie für sehr viel Kohle,
Feindbild: jeder Mensch hat eines,
hast du kein's , dann nimm halt meines,
selig ist, wer immer hatte
irgend jemand auf der Latte.

Wer mir einmal blöd gekommen,
wer daneben sich benommen,
wer mich einen Depp geheißen,
um mein Geld mich tat bescheißen,
dem soll ich verzeihen müssen,
dem soll ich die Hände küssen,
für den soll ich auch noch beten,
statt ihm eine reinzukneten?

Soll ich dem denn Brücken bauen,
ihn nicht ordentlich verhauen,
der mir in die Suppe spuckte,
sich in meine Frau verguckte,
oder diese Pappenheimer,
die statt in den Kuttereimer
alles werfen auf die Straße –
o wie ich die Ferkel hasse!

Lieber Heiland, dass das klar ist
und so wahr du unser Star bist:
So weit gehen mir mitnichten
meine ganzen Christenpflichten,
dass ich diesen Schwachsinn mache;
da ist Feuer unterm Dache,
willst du ernsthaft mir verbieten,
meine Feinde umzunieten.

Ich zahl' meine Kirchensteuer,
kommt sie mich auch etwas teuer,
ich tu Gutes, geh zur Messe,
stärk im Kirchenchor die Bässe;
dass die Kranken ich besuche,
eine Heilig-Land-Fahrt buche,
das ist für mich selbstverständlich,
und das weißt du, denn du kennst mich.

Nur sollst du's nicht übertreiben
und hübsch auf dem Teppich bleiben:
Nächstenliebe, gut, in Ehren,
doch du musst auch Grenzen lehren!
Ich lass vieles mir gefallen,
aber doch nicht gleich von allen,
den, der's mit mir hat verschissen,
will ich nicht noch lieben müssen.

Plötzlich zupft mich wer am Ohre,
mit den Heiligen im Chore
Christus selber kommt zu Worte
hier an diesem heil'gen Orte:
Komm mal her, du Oberg'scheiter,
der, in seinem Ego leider
wieder einmal ganz gefangen,
merkt nicht, worum mir's gegangen.

Dass du ordentlich dich aufführst,
Geld zum Fenster nicht hinauswirfst,
dass du nett zu deiner Frau bist
und die Wurst nicht ohne Brot isst,
dass du nie ein Auto rammtest
und ein bisschen ehrenamtest:
All dies sei dir unbenommen
und ist dir doch gut bekommen.

Mehr hast du wohl nicht zu bieten,
meinst, ich sei damit zufrieden,
dass du weiter bist nicht schädlich,
gegen niemand wurdest tätlich!
Höh'res hast du nicht im Sinne,
wo so gern ich doch gewinne
Menschen, die nicht halbe Sachen,
sondern mit mir ganze machen!

Weißt du noch: Der reiche Jüngling,
wie der kam und wieder wegging,
weil ich sagte: Wirklich Große
kleben nicht an ihrem Moose,
halten nicht bloß die Gebote
sondern zeigen bis zum Tode,
dass sie alles können geben,
Hab und Gut, das ganze Leben.

Also, willst du dich noch steigern,
darfst du keinem Feind verweigern,
was als Großer du ihm schuldest:
dass du ihn erträgst und duldest,
dass du nicht vergiltst das Böse,
sondern ohne viel Getöse
einfach suchst, die dir entgegen,
umzulieben statt zu -legen.

So die Botschaft ist gesichtet,
die an uns ist heut gerichtet.
Wohl dem, der sich auf kann schwingen,
über seinen Schatten springen,
und die Kraft hat zu vergeben.
Wer macht's vor? Hoch soll er leben!
Nun, ihr Herren und ihr Damen,
ich hör auf, und ihr sagt: Amen.

Wer ändern will, muss vergeben
Lk 7,36-50

Die Folge der Schuld ist in allen Fällen ein Ansehensverlust. Alle im Hause Simons, des Pharisäers, sind vom Auftreten der stadtbekannten Sünderin unangenehm berührt. Der Umgang mit dieser Frau kann nur entehren. Diese Frau ist bei allen unten durch – ihr Leben ist einfach ein Skandal!

Für uns heute ist eine Prostituierte nicht mehr unbedingt eine inakzeptable Person, solange sie nicht unsere Schwiegertochter werden will. Abscheu schlägt in ein gewisses Mitleid um, wenn wir bedenken, wie viele Frauen aus Osteuropa, aus Afrika, aus Südamerika zur Prostitution in Deutschland vermarktet werden. Da sind doch viel eher die Banden an den Pranger zu stellen, die diese Frauen hierher gelockt haben und ausbeuten. Und schon ist das Gebot zu vergeben, nicht mehr so eindeutig. Muss man auch diesen Menschenhändlern verzeihen? Hätte Jesus ihnen verziehen?

Aber ja! Auch dem schlimmsten Verbrecher, auch dem RAF-Terroristen wird verziehen, wenn er – und das ist die unerlässliche Voraussetzung der Vergebung – bereut, biblisch gesprochen: umkehrt. Wie soll man vergeben, was nicht eingesehen wird? Nur wem das Gewissen schlägt, ist mit Vergebung gedient.

Wenn die Frau damals sich nicht von ihrem Vorleben hätte distanzieren wollen, wäre sie nicht zu Jesus gekommen. Wenn sie hätte fürchten müssen, dass er sich von ihr distanzieren würde, aber auch nicht! Sein Ruf zog sie an, der Ruf, in dem er stand, Menschen wie ihr zu vergeben.

Ob sich die Frau mit ihrer Sehnsucht nach einem guten Wort statt an Jesus nicht auch an den Gastgeber, den Pharisäer Simon, hätte wenden können? So wie die Geschichte erzählt wird, hätte sie sich an Simon ganz bestimmt nicht gewandt. Von Simon hätte sie kein gutes Wort zu erwarten gehabt, nicht weil Simon kein gottesfürchtiger Mann gewesen war, sondern gerade, weil er seiner Frömmigkeit schuldig zu sein glaubte, Frauen wie diese da seine Verachtung spüren zu lassen.

In der Haut dieses Pharisäers stecken wir auch; wir sollten nicht abstreiten, von Jesus noch viel dazulernen zu müssen. Um Menschen, denen man etwas nachsagen kann, machen wir fast instinktiv einen Bogen, so sehr unser Verständnis für sie mit den Jahren zugenommen hat. Wir möchten uns nicht mit ihnen sehen lassen, weil uns das falsch ausgelegt werden könnte. Heißt es nicht „Gleich und gleich gesellt sich gern" und „Sage mir, mit wem du gehst, und ich sage dir, wer du bist"? Also halten wir besser Abstand von verdorbenen Menschen.

Jesus handelt, wie Gott es sich leisten kann zu handeln. Er lässt verkommene Menschen wohlweislich nicht links liegen. „Nicht die Gesunden brauchen den Arzt, sondern die Kranken", hat er einmal erklärt (Lk 5,31). Um jemand dahin zu bringen, dass er einsieht, Vergebung zu brauchen, darf man nicht den Strafrichter spielen. Jesus versteht sich als Therapeut, und deswegen traut sich, wer Schuld auf sich geladen hat, zu ihm.

Er ist solidarisch mit den Sündern, kann man immer wieder hören und lesen. Aber das Wort „solidarisch" trifft hier die Sache nicht ganz. Gute Theologie differenziert: Gott hasst die Sünde, aber nicht den Sünder. Es gibt nicht den Hauch einer Beschwichtigung à la „Ich mach' mir nichts aus deinen Schandtaten, ich nehm's nicht weiter tragisch und lasse eben Fünfe grade sein". Das wäre ein Irrtum. Gott will nicht verharmlosen, sondern vergeben! Er will den Sünder umdrehen. Er will, wie es schon im Alten Testament heißt, „nicht den Tod des Sünders, sondern dass er umkehrt und lebt" (Ez 33,11).

So ist Jesus der Arm, mit dem Gott den Sünder wegstoßen könnte, aber nicht wegstößt, sondern an sich zieht. Es geht Gott darum, den Menschen für das Gute zu gewinnen, und jeder Mensch, den er zu diesem Zweck entstören kann, abbringen kann vom Bösen, ist ihm recht, ist „gerechtfertigt", um es mit den Worten Luthers zu sagen. „Ich vergebe dir", sagt Jesus zu der Frau. Es ist die Sprache Gottes, die er spricht. Es ist die Amnestie Gottes, die er bringt. „Ich vergebe dir", sagt er auch zu uns. „Ich vergebe dir", sagt er auch zu den Menschen, denen, wenn's nach uns ginge, nicht vergeben würde. Allein das Bewusstsein der Vergebung „erlaubt der Person wieder eine ursprüngliche Sinngebung ihrer Handlungen ohne Lähmung durch die Vergangenheit", sagt der Philosoph Robert Spaemann.[14]

Voraussetzung der Vergebung ist immer die Reue, Zweck der Vergebung ist immer die neue Chance, und das Ausmaß der Vergebung sollte man immer am Ausmaß der Dankbarkeit erkennen.

---

[14] R. SPAEMANN: *Personen.* Stuttgart §2006, S. 109.

Den Schuft entschuften
Lk 19,1-10

Über den Erfolg versprechenden Umgang mit bösen Menschen lässt sich aus der Zachäusgeschichte eine Menge lernen. Zachäus steht dabei nicht für diejenigen, die uns weh tun, weil sie gerade einen schlechten Tag haben oder weil ihnen ein böses Wort herausgerutscht ist. Er steht für die dicken Brocken, für die abgefeimten Schurken, für alle, denen die Bösartigkeit zur zweiten Natur geworden ist und deren Egoismus wir machtlos gegenüberzustehen scheinen.

Wir nehmen die Zachäusgeschichte nicht zum Anlass, hochnäsig über unsere eigene Sündhaftigkeit hinwegzusehen und abzulenken auf solche, die schlimmer sind als wir. Davon lassen wir die Finger und schauen einfach zu, wie Jesus es fertig bringt, einen hart gesottenen Ausbeuter weich zu kriegen.

Jesus setzt ganz anders an, als wir es normalerweise tun. Wir sagen Typen wie Zachäus unsere Meinung. Wir sagen ihnen, für was wir sie halten. Sobald wir einen solchen Zachäus außerhalb seiner Zollstätte, außerhalb seines Machtbereichs zu fassen bekommen, kühlen wir unser Mütchen an ihm. Wir nützen jede Gelegenheit, uns von einem solchen Menschen zu distanzieren. Vielleicht ist das eine instinktive Abwehrreaktion, ein Schutzmechanismus, wie die Verhaltensforscher sagen würden. Bringen tut es jedenfalls nichts. Kein Zachäus wird sich, wenn man ihn das heißt, was er ist, ändern.

Eben darauf aber hat es Jesus abgesehen. Was läge näher, als Zachäus vom Maulbeerfeigenbaum herunterzuholen und ihm ordentlich die Leviten zu lesen! Die Umstehenden erwarten das sogar. Wir selbst legen insgeheim ebenfalls den größten Wert darauf, dass dem Zachäus die Hölle heiß gemacht wird. Doch damit käme Jesus nicht an sein Ziel.

Niemand sollte annehmen, dass Jesus von der Reaktion der Umstehenden überrascht war, als er bei Zachäus einkehrte. Wer zu Zachäus hingeht, macht sich der Kumpanei verdächtig, macht sich der Hofierung des Bösen verdächtig. Das muss man in Kauf nehmen, wenn man etwas erreichen will. Die Leute werden, wenn wir uns mit einem Zachäus zusammensetzen, auch von uns sagen: Der will sich bestimmt mit ihm arrangieren! Der gibt ihm auch noch die Ehre und lässt sich womöglich von ihm schmieren!

Ob wir mit einem Zachäus, dem wir die Hand reichen, auch so weit kommen wie Jesus, ist eine andere Sache. Dafür gibt es keine Garantie. Jesus hatte auch keine Garantie, dass Zachäus sich bekehren würde. Zu Zachäus hinzugehen, war aber die einzige Chance, dass bei ihm etwas in Gang kommen würde.

Wer also ernsthaft Interesse daran hat, dass sich bei einem Zachäus-Typen etwas ändert, der muss das Verfahren Jesu übernehmen – bei allem Risiko, dass die Umstehenden das falsch auslegen, und bei aller Zweifelhaftigkeit des Erfolgs. Zachäus bloß für einen Schweinehund zu halten, sich von Zachäus bloß zu distanzieren, bringt gar nichts. Wenn es überhaupt eine Möglichkeit gibt, einen Menschen umzupolen, dann nur auf dem Weg, den Jesus beschreitet.

Der Erfolg gibt Jesus recht und macht uns nachdenklich. Jesus glaubt an das Gute in Zachäus. Das Gute bricht sich, dank seiner Zuwendung, Bahn. Zachäus kann mit einem Mal, was er bisher nicht konnte und auch gar nicht wollte. Jesus muss ihm gar keine Vorschriften machen. Zachäus entdeckt von selbst, dass Geben seliger ist als Nehmen.

Sicher: Es ist ein Wunder, was da geschah. Aber wer solche Wunder in den Bereich des Möglichen rücken möchte, der muss so vorgehen, wie Jesus vorgegangen ist.

7. Warten

Habt Geduld
Mt 13,24-30

„Wider die Ungeduld" kann man über das Gleichnis vom verfrühten Jäten schreiben. Ich bin selbst ein ungeduldiger Mensch und daher froh, dass dieses Gleichnis, so oft ich ihm begegne, meine Ungeduld zügelt.

Um eine spezielle Geduld geht es freilich, nicht um die Geduld, die unpünktliche Leute die pünktlichen kostet, und nicht um die Geduld, die Meister mit Auszubildenden und Lehrer mit Schülern haben müssen. Ungeduld in solchen Zusammenhängen ist meist leichter zu steuern als das Gelüste, sich das Unrecht in der Welt vorzuknöpfen.

Dreinschlagen möchte man halt, wenn man das Treiben der Banden und Banditen in den Krisengebieten sieht. Durchgreifen sollte man gegen die Drogen, der ganze Sumpf gehört ausgetrocknet. Abrechnen müsste man mit den Umwelt-, Wirtschafts-, Trieb- und Staatsverbrechern, platt machen die Mafia, ausmerzen in den eigenen Reihen die schwarzen Schafe. Radikalkuren aller Art werden empfohlen, um das Böse zu eliminieren, neben sich und in der weiten Welt und auch in der Kirche. Es sind nicht die Schlechtesten, die da Hand anlegen wollen.

Wir sind uns wohl nicht darüber im klaren, dass hinter manchen entfesselten Jagden, die uns erschaudern lassen, zum Beispiel hinter der Hexenverfolgung, dieselbe Absicht stand. Menschen können so widersprüchlich sein, dass sie die Hexenverfolgung in der Geschichte in Grund und Boden ver-

dammen, die Verfolgung des Bösen in der Gegenwart aber
mit ganz ähnlichen Mitteln angehen wollen. Der Wunsch,
dem Bösen in der Welt beizukommen, hat schon viele seltsa-
me Blüten getrieben und wird noch viele treiben.

Bedenken kommen uns oft erst, wenn wir feststellen, dass
ja auch in uns selbst Gutes und Böses in einem unentwirrba-
ren Knäuel durcheinander wächst. Sich selbst an den Kragen
gehen deswegen die wenigsten Menschen, und diejenigen, die
ausmisten wollen, merken rasch, dass selbst beim gezieltesten
Zugriff zusammen mit dem Negativen immer auch etwas Po-
sitives erwischt wird. Nicht nur, wenn Ungeziefer mit Pflan-
zenschutzmitteln, nicht nur, wenn Hizbollah Terroristen mit
Bombenabwürfen zu Leibe gerückt wird, ist das so. Wer im
Frühjahr jätet, kann nie ausschließen, dass mit dem Uner-
wünschten auch anderes herausgezogen wird.

Das sind die Risiken und Nebenwirkungen, zu denen wir
bei Medikamenten den Arzt oder Apotheker fragen sollen, zu
denen wir bei Weltverbesserungs-Plänen unseren gottessach-
verständigen Meister Jesus Christus fragen sollten.

Gott sagt sich offenbar – so erfahren wir von ihm – : Das
Unkraut wird am Schluss sowieso aussortiert und vernichtet,
aber der Ernteertrag wird mir verringert, wenn meine Leute
jetzt schon mit der Sense anrücken. Jeder vorzeitige Schnitt
kostet mich auch so und so viele mögliche Frucht. Also wird
jetzt nichts unternommen!

Wir Menschen erwidern: Das halten wir nicht aus! Mit
dem Bösen koexistieren zu sollen, geht uns über die Hut-
schnur.

Es ist wahr: Menschen werden die Geduld Gottes in der Regel nicht aufbringen. Kollektive Wutausbrüche und Kahlschläge wird es, entgegen dem Rat des heutigen Evangeliums, wohl auch in Zukunft geben. Aber wir können wenigstens verstehen, warum Gott nichts unternehmen lässt und von sich aus über die ganze Weltgeschichte hin nicht dreinschlägt: Nur aus der guten Saat, die er gesät hat, wächst das, was ihm die Scheune füllt. Bloß wegen des Unkrauts, das eh nicht in die Scheune kommt, wird auf dem Acker, bevor die Frucht reif ist, nicht geschnitten.

Was sich finden lässt, ist nicht verloren
Lk 15,11-32

Worum es in diesem Evangelium nicht geht:

- Es geht nicht um „Wer sucht, der findet". Das steht anderwärts, hier nur am Rande.

- Es geht nicht um „Pass auf, dass du nichts verlierst". Viele Stellen in der Heiligen Schrift handeln davon, aber nicht diese.

- Es geht nicht um „Mach dir nichts aus dem, was du nicht mehr hast". Ein wichtiges Thema, vor allem im Neuen Testament, aber nicht hier.

Worum es in diesem Evangelium geht:

Es geht um die Freude dessen, der Verlorenes wieder findet. Das Schaf ist wieder da, die Drachme ist wieder da, der Sohn ist wieder da. Es tat weh, sie vermissen zu müssen. Es tut gut, sie wieder zu haben. Wenn etwas wieder da ist, was uns gefehlt hat, freut uns das viel mehr, als wenn etwas da ist, was nie abhanden gekommen war.

So ist es doch, will Jesus sagen. Er knüpft an eine Tatsache an, die wir aus unserem Alltag nur zu gut kennen. Diese Erfahrung gilt es auf Gott zu übertragen. Gott ist die Freude in Person, wenn sich wieder einstellt, was weggelaufen war.

In keiner Religion sonst findet sich ein ähnliches Gottesbild. Wenn der Vergleichspunkt der Ärger über das, was sich davongemacht hat, wäre, würde Jesus diese Gleichnisse anders pointiert haben. Dann hätte er erzählerisch ausgedrückt, was Beethoven in seinem Klavierstück „Die Wut über den verlorenen Groschen" musikalisch ausgedrückt hat: den Zorn über das Abgängige. Und dann hätte er, an diesen uns geläufigen Zorn anknüpfend, gesagt: Da könnt ihr euch vorstellen, in welcher Stimmung Gott ist. Aber nichts davon! Der Vergleichspunkt ist die Freude über das Wiederaufgetauchte. Die Freude über die Rückkehr des Verlorenen ist das, worauf es dem Evangelium ankommt. Die offenen Arme, mit denen der Heimkehrer empfangen wird, sind kennzeichnend für das christliche Gottesbild.

Nichtchristen fällt dieses Gottesbild noch auf. Wir selber haben uns so sehr daran gewöhnt, dass wir uns ein anderes kaum mehr vorstellen können. Man sagt zwar im Blick auf die verschiedenen Religionen: Wir glauben alle an den gleichen Gott. Müsste es aber nicht heißen: Wir glauben alle anders an den gleichen Gott? Gleich ist nur die Bezeichnung Dessen, an den die Menschen glauben. Was sie sich darunter vorstellen, ist keineswegs gleich. Ein Gottesbild wie das Freudenfeste bei der Rückkehr des abtrünnigen Sohnes feiernden Vaters ist im Islam undenkbar.

Menschen, die nichts anderes gelernt haben, als von sich auszugehen, hören Gott dem Davonlaufenden nachrufen: Komm mir bloß nicht und will noch etwas von mir! Und sie nehmen an, dass der Rückkehrer abgekanzelt wird: Bin ich dir jetzt auf einmal wieder recht? Wer nicht von Jesus aufgeklärt ist, würde als verlorener Sohn mit dem Wissen leben müssen, dass er es mit Gott für immer verdorben hat, und würde als treu gebliebener Sohn damit rechnen, dass der Bruder niemals wieder ihm gleichgestellt wird, als ob nichts geschehen wäre.

Korrigieren wir also unser Gottesbild, wenn es mit dem, wie Jesus Gott schildert, nicht übereinstimmt, und seien wir im übrigen dankbar dafür, dass wir leben und sterben dürfen mit dem Gottesbild Jesu!

Das andere, was wir der zentralen Aussage des Gleichnisses entnehmen, ist die Einladung, Gottes Freude über die Rückkehr eines verlorenen Sünders zu teilen.[15] Wir wissen, dass dieses Gleichnis mehrdimensional ist und wir nicht nur auf den jüngeren Sohn, sondern auch auf den älteren Sohn schauen sollen, gerade wir Kirchgänger, die wir normalerweise in der Position des älteren Sohnes sind.

Bereits der Kirchenlehrer Cyrill von Alexandrien greift den Fall eines auf seine alten Tage zu Kreuze Kriechenden auf und sagt: Da hat ein Mensch sich sein Leben lang jeder Schlechtigkeit hingegeben und jetzt, da er fromm geworden ist, will niemand neben ihm sitzen, alle tragen ihm seine Vergangenheit nach.

Ob wir auf der Höhe des Evangeliums sind, wenn wir mit Menschen, die Schluss gemacht haben mit uns, nie mehr etwas zu tun haben wollen? Ob wir Gott nicht aus dem Ruder laufen, wenn wir denen, die sich uns wieder unter die Augen trauen, nur die kalte Schulter zeigen? Cyrill sagt: „Wie sollte die Welt, die in den Schlingen der Sünde gefangen war, gerettet werden? Etwa durch Fordern von Strafe und nicht viel-

---

[15] Vgl. C. NOYEN: *„Teilt meine Freude". Exegetische Randbemerkungen zu Lukas 15,11-32.* In: IkaZ 23 (1993), S. 387-396, hier S. 388.

mehr durch Langmut? Christus hielt es nicht für unter seiner Würde, mit Zöllnern und Sündern zusammen zu sein, und bereitete ihnen so einen Weg des Heils."[16]

Einen Weg des Heils bereiten: Gibt es einen schöneren Dienst, den wir einander tun können?

---

[16] Zu den Bezugnahmen auf Cyrill vgl. G. MÜNCH-LABACHER: *Gleichnisauslegung in den Lukas-Homilien des Cyrill von Alexandrien – die Homilien zur Gleichnistrilogie in Lk 15*. In: ThQ 178 (1998), S. 287-293, hier S. 290.

8. Warnen

Nicht auf Kosten der Wahrheit
Lk 12,49-53

Feuer fangen sollen die Menschen: Das ist es, was Jesus mit seiner Predigt vom Reich Gottes erreichen will. Die Idee eines Reiches Gottes in dieser Welt soll zünden. Der Funke soll überspringen. In die Welt gekommen ist der Sohn Gottes nicht, um seinen Vater mit einem heiligen Privatleben zu ehren, sondern um ein geistiges Reich zu gründen, ein Reich der Wahrheit, der Gerechtigkeit, der Liebe und des Friedens[17], und dieses Reich soll sich überallhin ausbreiten.

Weil das so ist, ist Mission keine genierliche Sache. Das Reich Gottes ist logischerweise in die Welt gesetzt, um Fuß zu fassen, nicht um als Verschluss-Sache eines Geheimnisträgers im Tresor oder als Lyrik eines Weltverbesserers im Papierkorb zu landen. Nein, Lauffeuer durch Mund-zu-Mund-Propaganda! Philippus sagte zu Nathanael: „Wir haben den gefunden, über den Mose und die Propheten geschrieben haben" (Joh 1,45) und nahm ihn mit zu Jesus. Das ist Mission, das ist Ausbreitung des Reiches Gottes, das heißt brennendes Interesse haben.

In vielen Gleichnissen hat Jesus das Reich Gottes beschrieben, in vielen Zeichen hat er demonstriert, wie es „funktioniert". Jedes Mal wenn die Sprache oder die Lektüre darauf kommt, macht sich in unserem Innern die Glut unter der

---

[17] So die Christkönigspräfation; mit Leibniz könnte man auch von einer moralischen Welt in der natürlichen Welt sprechen (Monadologie § 86).

Asche wieder bemerkbar und das Bedürfnis, das Licht nicht unter den Scheffel, sondern auf den Leuchter zu stellen, damit es allen im Hause leuchtet (Mt 5,15).

Nun ist allerdings im heutigen Evangelium von zwei anderen Dingen die Rede, nicht vom Brandherd und nicht vom Schüren, nicht von der Bedeutung des Feuers und nicht von seiner Wirkung, von seiner Wirkung höchstens insofern, als es sich dabei um das, was man bei Medikamenten Nebenwirkungen nennt, handelt. Auf das Wort vom Feuer folgen nämlich mit den Sätzen von der Taufe und vom Unfrieden Hinweise auf Folgeerscheinungen, mit denen man zunächst nicht rechnet.

Ebenso wie das Feuer ist die Taufe an dieser Stelle ein Bild. Wenn Jesus sagt: „Ich muss mit einer Taufe getauft werden, und wie sehr bin ich bedrückt, solange sie noch nicht vollzogen ist!", dann will er darauf hinaus, dass ihn das In-Brand-Stecken der Welt das Leben kostet. Er taucht ganz und gar ein in die Aufgabe, deretwegen er gekommen ist. Er ist die Fackel, die sich verzehrt für das Feuer; das Feuer lebt von ihr. Wie die Fackel sich opfert, damit das Feuer Nahrung hat, so gibt er sich her als Brennelement für die Reich-Gottes-Anstiftung.

Das Lebensopfer ist die Konsequenz der Reich-Gottes-Installation für *ihn*. Die andere Folgeerscheinung, ebenso zwangsläufig und ebenso einschneidend, kriegen *wir* zu spüren. Denn es bilden sich Fronten. Es gibt Menschen, die Feuer fangen, und es gibt Menschen, die es austreten wollen.

Mit Weltanschauungen geht das allemal so. Auch die heiligste Botschaft kann sich nur unter den Gegebenheiten dieser Welt ausbreiten, und das heißt: Sie spaltet in Anhänger und Gegner. Jesus sieht kommen, was die Alten unter uns am furchtbaren Beispiel des Nationalsozialismus erlebt haben, wie nämlich Familien und Hausgemeinschaften gespalten wurden, wie sich manche Eltern ihrer eigenen Kinder und manche Jugendliche ihrer Kameraden nicht mehr sicher waren, dass sie sie nicht denunzieren würden.

So weit kommt es gewiss nur in Diktaturen. Aber auch im Deutschland von heute gibt es in unseren Familien Risse aus religiösen Gründen, gibt es den Fall, dass christliche Einstellung stigmatisiert.

Bloß damit niemand etwas gegen uns hat, dürfen wir aber nicht katzbuckeln. Das Wort „Ich bin nicht gekommen, Frieden zu bringen, sondern Spaltung" will nicht auf eine aggressive Reich-Gottes-Verkündigung hinaus, bedeutet ganz gewiss nicht das marxistische „Willst du nicht mein Bruder sein, dann schlag ich dir den Schädel ein", sondern will verhindern, dass wir um des lieben Friedens willen auf Distanz gehen zu unserem Glauben. Es sollte uns die Kirchenbindung über die Familienbindung gehen.

Ausgerechnet das Feuer auszutreten, das Gott gelegt hat, ist immer wieder probiert worden. Aber Gott hat keine Rückzugsabsichten. Dem „brennenden" Anliegen eines Reiches Gottes werden die Gelegenheiten, der Menschheit einzuheizen und die Menschheit anzufeuern, auch in Zukunft nicht ausgehen. Aller Asbest der Welt wird das Feuer nicht hindern, Brennbares zu finden.

Verschonung auf Bewährung
Lk 13,1-9

Eine Naturkatastrophe, ein Unfall, eine unheilbare Krankheit: „Warum ich?" sagen die Betroffenen, wenn sie überhaupt noch etwas sagen können; „Warum gerade die?", fragen wir, um nicht fragen zu müssen: „Warum wir nicht?"

Will das heutige Evangelium ein Warnlicht wie nach einem Autounfall sein? Man sieht es und sagt sich: Aufgepasst, sonst bist du selber dran. Stellt Jesus nur ein Warnlicht auf und hantiert mit der Drohung, es werde uns genauso gehen? Fürs erste hört es sich so an; er sagt: „Wenn ihr euch nicht bekehrt, werdet ihr alle genauso umkommen."

Das muss er sagen, um seine damaligen Zuhörer von einem Fehlschluss abzubringen. Für sie war klar: Unglück ist eine Strafe; wem ein Unglück zustößt, der hat etwas angestellt. Der Verdacht, dass zwischen Unglück und Schuld ein Zusammenhang besteht, ist auch heute noch verbreitet. Damals war dieses Vorurteil so massiv, dass die Menschen nach einem Unglück nicht nach der Bedeutung für die Überlebenden, sondern bloß nach der Schuld der Opfer fragten.

Pilatus hatte Pilger aus Galiläa, während sie im Tempel opferten, niedermetzeln lassen. Jesus sagte seiner Zuhörerschaft auf diese Nachricht hin: „Ihr denkt jetzt sicher, dass diese Galiläer, weil ihnen das geschehen ist, größere Sünder als andere waren." Um nachdenklich zu machen, fügt er ein noch frappierenderes Beispiel hinzu: Da waren achtzehn Menschen beim Einsturz eines Turmes ums Leben gekommen – sollen diese Achtzehn größere Sünder gewesen sein als alle anderen, die ein bisschen weiter weg standen oder ein bisschen früher oder später vorbeikamen?!

So kann man das nicht machen, sagt Jesus. Ein Unglück ist doch nicht die Abrechnung mit den Umgekommenen! Merkt ihr denn nicht, dass es etwas ganz anderes ist: eine Mahnung an die Davongekommenen?! Allen Ernstes, sagt Jesus, wird es euch genauso gehen, wenn ihr euch nicht bekehrt.

Dieser Satz ist erklärungsbedürftig. Jesus meint damit: Nach eurer Rechnung seid ihr nicht fein heraus, sondern seid als nächste dran, denn keiner ist ohne Schuld. Wenn das stimmt, was ihr annehmt, werdet ihr alle genauso umkommen. Ein Wunder ist nicht, dass es jene traf, sondern dass es euch nicht getroffen hat. Was hat denn das zu bedeuten, dass es euch nicht getroffen hat, noch nicht getroffen hat? Danach ist doch zu fragen! Was will Gott mir damit sagen, dass ich verschont geblieben bin?

Und dann bringt Jesus das Gleichnis vom Feigenbaum, das auf großartige Weise Antwort gibt. Damit sind wir an dem Punkt, der nicht nur seine damaligen Zuhörer, sondern uns alle angeht: Was ist der Sinn der Verschonung? Das Gleichnis Jesu macht es uns klar.

Ein Mann hat einen Feigenbaum und findet daran seit Jahren keine Frucht. Der Baum muss weg, er laugt den Boden nur aus. Der Gärtner aber sagt: Herr, lass ihn dieses Jahr noch stehen. Ich will den Boden um ihn aufgraben und düngen. Vielleicht bringt er doch noch Frucht.

Also, wenn wir verschont bleiben, ist dies eine Gnadenfrist. Sie ist gegeben, damit wir Frucht bringen können.

Wenn Gott uns nicht aus dem Verkehr zieht, dann, weil er sehen will, ob nicht noch etwas herauskommt. Aus seinem Leben etwas machen! „Kauft die Zeit aus!" heißt es in den Paulusbriefen (Eph 5,16; Kol 4,5). Was kann aus einem einzigen Tag Gutes erwachsen, wenn man ihn nicht verplempert!

Die Absahn-Parolen der Gegenwart sind das genaue Gegenteil dessen. Herausholen, was nur geht, rechtfertigt in den Augen Gottes das Dasein nicht – hervorbringen, was nur geht, gibt dagegen dem Leben einen Sinn. Ein Warnsignal ist jedes Unglück also doch für alle, die verschont geblieben sind.

Mit Hass und Hatz rechnen
Joh 15,18-21

Der Hass der Welt trifft die Jünger unausweichlich.[18] „Haben sie mich verfolgt, werden sie auch euch verfolgen", sagt Jesus. Man muss dazu gar nichts Extravagantes tun. Die bloße Tatsache, dass man sich an den Christus Jesus hält, macht die Welt aggressiv: Sie duldet nicht, dass sich ihr jemand entzieht.

Es wird nie ein Zeitpunkt kommen, wo Glaube und Welt konform gehen. Deshalb brauchen wir auch nicht zu meinen, wir hätten nur die richtige Strategie noch nicht heraus, um die Voreingenommenheit der Welt zu beseitigen. Und wenn wir's noch so geschickt anstellten und keinerlei Patzer im Umgang mit der Welt machten, ja nicht einmal, wenn wir völlig für uns blieben und nach draußen überhaupt keinen Ton verlauten ließen, würden wir ungeschoren bleiben. Erst recht, wer den Hals bläht und provoziert, wird mit gefletschten Zähnen als „durchgeknallter Oberfundi"[19] gebrandmarkt.

Die Welt merkt, dass wir uns nicht nach ihr richten, sondern nach jemand anderem, und das genügt schon, dass sie uns nicht leiden kann. An der grundsätzlichen Abneigung der Welt gegen das, was da mit Christus auf sie zukommt, wird sich nichts ändern, kann sich gar nichts ändern.

---

[18] Vgl. R. SCHNACKENBURG: *Das Johannes-Evangelium III*. Freiburg-Basel-Wien 1975, S. 129.

[19] Grünen Bundesvorsitzende Claudia Roth über den Augsburger Bischof Walter Mixa beim Landesparteitag der bayerischen Grünen am 20.10.2007 in Deggendorf.

Im Letzten sind die Maßstäbe der Welt und die christlichen Maßstäbe unvereinbar. Insofern ist die Auseinandersetzung vorgegeben. Man kann ihr gar nicht aus dem Weg gehen, weil die Welt Abweichung von ihrer Norm nicht hinnimmt. Sie will uns alle bei Fuß haben, und einen anderen Glauben als den an sie fasst sie als Angriff auf und schlägt zurück. Das kann relativ harmlos sein, wenn sie uns nur verachtet. Damit muss man zum mindesten rechnen. Es kann sich aber steigern bis zu Hassausbrüchen und richtiggehenden Vernichtungswellen. Menschenrechtsstatistiken zufolge sind Millionen Christen Verfolgungen ausgesetzt.

Der Hass der Welt gegen die Jünger Jesu erklärt sich letztlich aus der Gottes-Aversion der Welt.[20] Auch darauf macht uns das heutige Evangelium aufmerksam, und dies wäre ein zweites, was wir daraus lernen könnten.

Die Welt stellt im Notfall Stacheln, wenn ihr etwas nahe kommt, was mit Gott zu tun hat. Da sieht sie rot und wird wild, weil das ihrer Art zuwider ist. Sie reagiert allergisch. Das werden wir ihr nie ganz austreiben können; wir müssen zufrieden sein, wenn wir an einem verhältnismäßig ruhigen Frontabschnitt leben dürfen.

In der Abwehrhaltung der Welt zeigt sich ihr wahres Gesicht. Sie hat sich – wie Adam einst – vor Gott in die Büsche geschlagen. Ihr schlechtes Gewissen zwingt sie auszuweichen, wo es nur geht und die Gotteserinnerung mit allen Mitteln zu unterdrücken.

---

[20] Vgl. R. SCHNACKENBURG: a.a.O., S. 131.

Denken wir an die merkwürdigen Evangelienberichte, wonach böse Geister rabiat werden, wenn Jesus in ihre Nähe kommt. Das ist die typische Weltreaktion auf die Berührung durch Gott. Sie fühlt sich gereizt, sobald jemand an ihre wunde Stelle kommt.

Es lässt sich ganz einfach nicht verbergen, wo sie steht. Sie will sich Gott vom Leib halten. Wenn wir noch einen richtigen Sündenbegriff hätten, würden wir sie gerade darin wieder erkennen. Nicht dass wir, schwache Menschen, die wir sind, dies und jenes nicht fertig bringen, macht die Sünde aus, sondern dass wir Gott den Rücken kehren und von ihm nichts wissen wollen. Dieses Verhalten nennt das Johannes-Evangelium „Welt". Mit Welt ist also nicht gemeint die Natur oder das Materielle oder das Profane, sondern das Verschlossensein gegenüber Gott.

Dort wo man zu ist für Gott, empfindet man Religion instinktiv als feindlich, als Bedrohung. Nach außen wird zwar niemand zugeben, dass ihm Religion ein Dorn im Auge ist. Lassen wir uns nicht täuschen, wenn, von verschwindenden Ausnahmen abgesehen, in allen Staatsverfassungen etwas von freier Religions-Ausübung steht. Papier ist bekanntlich geduldig. Wenn wir Christenverfolger wären, würden wir uns den Trick mit der angeblich freien Religionsausübung auch nicht entgehen lassen. Nur am tatsächlichen Verhalten zum Glauben kann man ablesen, ob die betreffende Weltpartie Gott zugeneigt oder abgewandt ist.

Erstaunlicherweise gilt die Feindschaft nicht den Gläubigen, sondern ihrem Glauben. Es heißt meist: Du wärest schon recht, aber dein Glauben! Wir hören es Jesus bereits andeuten: „Dies alles werden sie euch antun um meines Namens willen". Gehen wir dem als Drittem noch genauer nach!

Wir hätten zweifellos die Sympathie einiger Leute mehr, wenn unser Christsein nicht im Weg stünde. Tertullian berichtet aus der Christenverfolgung im Römischen Reich, dass zu seiner Zeit die bloße Angabe „Ich bin Christ" für ein Todesurteil ausreichte.[21] Der Tendenz nach ist dies immer so geblieben: Wären wir nicht christlich eingestellt, könnten wir viele zu Freunden haben, die jetzt einen Bogen um uns machen.

Wenn man merkt, die Leute haben nichts gegen mich, wohl aber gegen meinen Glauben, wird das leicht zur Versuchung für uns. Warum den Glauben nicht verstecken, damit man nicht mehr schief angesehen wird? Warum nicht Abstriche machen, wenn man dann besser fährt?

Irgendwann hat man das Aufgezogenwerden satt. Irgendwann überwiegt das Ruhebedürfnis den Bekennermut. Da braucht bloß ein Mensch zu sein, den man sehr liebt und der diese Liebe erwidern würde, wenn unser Glaube nicht im Weg stünde. Vielleicht sagt es derjenige auch rundheraus: Musst du denn so christlich sein?! Ich spüre: Wir lieben uns, aber meine Religiosität lässt nichts daraus werden.

Bin ich so stark, eher auf eine Beziehung, die ich haben könnte, zu verzichten als auf meinen Glauben? An den Geschichten tapferer Märtyrer hat man sich schnell berauscht

---

[21] Vgl. E. WALTER: *Die Mysterien des Wortes und der Liebe.* Freiburg i.Br. 1964, S. 85.

Aber was nützt diese Bewunderung, wenn wir selbst in unserem Glauben nachlassen, sobald er uns Nachteile bringt!

Wenn ich mit Jeans irgendwohin gehe, wo ich mich mit Jeans unmöglich mache, muss ich mir überlegen, ob ein Kleidungsstück mir das wert ist. An den Hosen soll's nicht liegen, werde ich mir sagen und mir etwas anderes anziehen. Wenn ich aber mit meinem Glauben irgendwohin gehe, wo ich mich mit meinem Glauben unmöglich mache und ich ziehe meinen Glauben aus, dann ist erwiesen, dass er mir nicht mehr wert ist als eine Hose.

9. Umdenken

Ende gut, alles gut
Mt 5,1-12a

Wer ist mit den „Armen im Geiste" gemeint? Wenn man nicht bei billigen Witzchen über Menschen mit einem niedrigen IQ stehen bleiben will, muss man sich die Mühe machen, der Sache auf die Spur zu kommen.

Es werden hier außer den Geistesarmen noch andere Gruppen von Menschen genannt. Gemeinsam ist allen Genannten, dass ihnen etwas abgeht und dass sie selig gepriesen werden. Offen ist zunächst, ob diese Menschen selig gepriesen werden, weil ihnen etwas fehlt oder obwohl ihnen etwas fehlt. Auch das darf von Interesse sein. Die erste Frage aber ist nach wie vor, wer mit den Trauernden, mit den Gewaltlosen, vor allem mit den „Armen im Geiste" gemeint ist, die da selig gepriesen werden.

Bei Lukas heißt es „Selig die Armen", bei Matthäus „Selig die Armen im Geiste". Matthäus hat also bereits interpretiert, wen Jesus gemeint haben könnte. Er sagt: Es sind nicht einfach die weniger Betuchten, die materiell Armen. Er will vermeiden, dass die Seligpreisung von der Leere oder der Leerung des Geldbeutels abhängig gemacht wird, als ob Jesus hätte sagen wollen: Mensch, je weniger du im Geldbeutel hast, desto eher kommst du in den Genuss der Verheißung.

Darum ging es Jesus nicht, sagt Matthäus, und fügt, um diesem Missverständnis vorzubeugen, ein „im Geiste" dazu: Selig, die arm sind im geistigen Sinn. Die Einheitsübersetzung empfiehlt uns zu lesen: „Selig, die arm sind vor Gott". Aber das ist nicht gerade sehr viel leichter zu verstehen als „Selig die Armen im Geiste". Sicher ist es ein Unterschied, ob jemand arm vor den Menschen ist oder arm vor Gott. Vor Gott arm sein würde bedeuten: wissen, dass ich auf ihn angewiesen bin, dass ich nichts habe, womit ich ihm imponieren kann. Wird also der Mensch selig gepriesen, der sich so einschätzt? Hat Jesus mit den Armen wirklich diejenigen gemeint, die Gott gegenüber bescheiden bleiben und nicht unverschämt werden?

Mir ist dabei nicht geheuer. Besser wäre, denke ich, hinter die Interpretation des Matthäus zurückzugehen auf das ursprüngliche „Selig die Armen", zu sehen, dass Jesus sich grundsätzlich zu den Armen gesandt wusste und einfach darauf zu achten, wer das in seinen Augen war. Und da stellen wir fest: Die Armen sind weder die Demütigen, die sich vor Gott als Bettler fühlen, noch die Einfältigen, auch nicht jene, die sich unter dem Einfluss heiligen Geistes selber arm gemacht und ihren Besitz fahren gelassen haben, sondern die Zu-kurz-gekommenen. Solche sind gemeint!

Arm im Geist sind sie nur insofern, als sie immer die „Dummen" sind, genau jene „Dummen", von denen wir sagen, dass man mit ihnen die Welt umtreibt, weil sie sich für nichts zu schade sind, weil sie anderer Leute Dreck weg machen, ohne etwas davon zu haben, weil sie sich übervorteilen lassen. Es sind also nicht einfach die schlichten Gemüter, die kleinen Leute, die Proletarier gemeint, sondern diejenigen, die zu kurz kommen im Leben, weil sie so dumm sind, nicht alles herauszuholen, was herauszuholen geht.

Diese Menschen stellt Jesus in eine Reihe mit den Trauernden, mit den Pazifisten, mit den Rechtlosen usw. und sagt: Denen gehört das Reich Gottes. Es sind lauter Menschen, denen etwas abgeht, dem einen das geliebte Du, dem anderen die Gerissenheit, mit der man es zu etwas bringt, dem anderen die Möglichkeit, in einem Willkürstaat zurecht- oder zum Recht zu kommen. Defizite, freiwillige und unfreiwillige, Einbußen, Verzichte, Beschädigungen, die zwar keine gemeinsame Ursache, aber eine gemeinsame Anwartschaft haben, die Anwartschaft auf Ausgleich – darauf will Jesus hinaus.

Und damit stehen wir vor der zweiten Frage: Werden diese Menschen selig gepriesen, weil sie schlecht dran sind oder obwohl sie schlecht dran sind? Wenn in der Armut, in der Trauer, in der Rechtlosigkeit das Glück des Menschen läge, wäre nicht von Besitz, von Trost, von Gerechtigkeit die Rede, die diese Menschen erwartet. Dann hätte Jesus die Armut, die Trauer, die Rechtlosigkeit selig gepriesen und gesagt: Macht euch arm, sucht die Trauer, begebt euch des Rechts, nur so werdet ihr glücklich. Eben das sagt er aber nicht. Es ist nicht Gottes Wille, die Armut, die Trauer, die Rechtlosigkeit schmackhaft zu machen, sie für gut erklären zu lassen, damit die Betroffenen darunter nicht mehr leiden. Einen solchen göttlichen Sadismus würde es voraussetzen, wenn es hieße: Sei froh, dass es dir schlecht geht, darin liegt Seligkeit!

Nein, das Glück der Benachteiligten liegt nicht im Nachteil, sondern darin, dass Gott den Nachteil ausgleichen wird. Das ist die Botschaft Jesu an alle, die in dieser Welt die Dummen, die Gepeinigten, die Leidtragenden, die Defensiven sind.

Wann und wie geschieht dieser Ausgleich? Ganz sicher nicht einfach innerhalb der Weltgeschichte und innerhalb der Lebenszeit. Dieser Aufschub blamiert nun aber die christliche Botschaft nicht, obwohl er uns vor eine Geduldsprobe – oder sagen wir's genauer: vor eine Glaubensprobe – stellt. Es ist doch so: wenn Gott in dieser Welt ausgleichen würde, ginge der ganze Ausgleich praktisch in ein Sieb, in dem er sich nicht stabilisieren ließe, weil sich durch Menschen ständig neue Ungerechtigkeiten hinein stehlen, so dass kein Marx und kein Engels das Paradies auf Erden her*auf*führen kann. Ganz abgesehen davon, dass ein Ausgleich zum jetzigen Zeitpunkt den vielen Unglücklichen, deren Leben bereits den Bach hinuntergegangen ist, nicht mehr helfen würde und deshalb ihnen gegenüber Unrecht in höchster Potenz wäre, ist ein Ausgleich sowieso nur unter Ausschaltung menschlicher Unvollkommenheit möglich, also in einer anderen Welt. Es ist nur logisch, den großen Ausgleich nicht im Diesseits, sondern im Jenseits des Todes, für die Zeit nach der Ernte, wie Jesus sagt, zu erwarten.

Bedeutet das, dass während unserer Lebenszeit in dieser Welt keinerlei Ausgleich zu gewärtigen ist? Das kann nun freilich auch wieder nicht sein, wenn man nicht Gott als weggetreten, die Entsendung seines Sohnes in diese Welt als umsonst und die Gründung eines Reiches Gottes als Fata Morgana erachten will. Gott greift jetzt schon laufend im Sinne des angekündigten Ausgleichs ein.

Natürlich nicht so, wie Lieschen Müller meint, dass er den Armen etwas aufs Konto überweisen, die Entrechteten auf den Tisch hauen lehren und den Verwitweten die Partner zurückgeben müsse. Nein, der kleine Ausgleich in dieser Welt geschieht in derselben Art wie der große Ausgleich im Jenseits geschehen wird, in folgender, immer wieder zu beobachtender Weise: Die Armen haben in der Regel viel mehr Freude am Leben als die Reichen, die Dummen sind viel zufriedener als die Gerissenen, die Entrechteten viel solidarischer als die, die ihnen das Fell über die Ohren ziehen.

Gewiss, kein Armer ist gefeit dagegen, zur Ilsebill, kein Entrechteter gefeit dagegen, zum Michael Kohlhaas zu werden. Aber die Sonne scheint nicht nur für Franziskus mütterlicher über den Hütten der Armen als über den Palästen der Reichen. Und der Friede ist nicht nur bei Edith Stein und Alfred Delp in den Herzen der Geschändeten größer als in den Herzen der Schänder

Nachbars Plus ist nicht dein Minus
Mt 20,1-16a

Damit kein Missverständnis entsteht: Diese Geschichte ist kein Kapitel für die christliche Soziallehre. Man kann aus ihr nicht schlussfolgern: Leistungsgerechter Lohn ist abzuschaffen – mit der Geschichte vom Gutsherrn hat das Jesus verlangt.

Ich sage das nicht, weil ich die Wirtschaft vor Eingriffen des Evangeliums schützen möchte, damit sie ungestört von der Botschaft Jesu tun und lassen kann, was sie für richtig hält. Eine Geschichte wie die heutige gehört sehr wohl in unsere Verhaltensweisen eingespeist. Sie soll beileibe nicht für weltfremd erklärt werden, damit man sie los hat. Aber sie muss an der richtigen Stelle eingesetzt werden, nämlich da, wo der, der sie erzählt hat, mit ihr operiert. Jesus sagt ausdrücklich: *Gott* ist wie der Gutsherr, den ich euch jetzt schildere. Es geht also nicht um eine tarifpolitische Anweisung, sondern es geht um eine Beschreibung Gottes. Wie Gott denkt im Unterschied zum Menschen, ist Thema dieser Geschichte. An einem Beispiel aus dem Wirtschaftsleben seiner Zeit macht Jesus das klar. Und wer sich von Jesus sagen lässt, wie Gott ist, wird nicht dann ein schlechtes Gewissen haben, wenn er einen Arbeiter, der erst am 25. in die Firma eintritt, kein volles Monats-Gehalt bezahlt, aber er wird ein schlechtes Gewissen haben, wenn er einer Familie, die sich ganz zuletzt erst um einen Kindergarten-Platz beworben hat, nicht gönnt, dass es sogar ihr noch einen Platz gereicht hat.

Was sagt denn Jesus mit seiner Geschichte über Gott aus? Gehen wir ihr einmal nach, bis wir die Pointe haben!

Im Orient kommen die Arbeitnehmer, wenn es Tag wird, auf dem Markt zusammen und warten, was sich tut. Die Arbeitgeber suchen sich unter den Herumstehenden die besten Leute aus. Wie überall bleiben die Leistungsschwachen zurück. Mit denen, die genommen werden, wird der Lohn vereinbart. Für damalige Verhältnisse ist man mit einem Denar anständig bezahlt; er reicht als Tagesunterhalt für eine sechsköpfige Familie.

Soweit der Alltag auf dem altorientalischen Arbeitsmarkt. Das Besondere beginnt damit, dass Jesus den Gutsherrn in seiner Geschichte etwas tun lässt, was kein normaler Gutsherr tut. Obwohl der Gutsherr die Arbeitskräfte, die er braucht, schon beieinander hat, geht er den ganzen Tag über wieder und wieder auf den Markt, sogar eine Stunde vor Feierabend noch, und engagiert alle, die da sind. Genommen wird offensichtlich jeder, der bereit ist, ob er früher oder später aufkreuzt, Hauptsache, er geht mit.

So also ist Gott! Er nimmt jeden, der kommt, und sei's erst eine Stunde vor Feierabend. Die Werbung hört nicht auf, wenn ein bestimmtes Quantum erreicht ist; bei Gott gibt's kein „Wärest du gleich gekommen, jetzt ist's zu spät!"; die Chance, genommen zu werden, besteht auch für den Letzten noch. Das bedeutet: Gott räumt jedem Menschen bis zum Schluss die Möglichkeit ein, auf ihn einzugehen und in ein Verhältnis zu ihm zu kommen, das sich auszahlt.

Damit wären wir bei der Auszahlung. Jetzt wird's noch typischer Gott! Jesus schildert die Lohnabrechnung so, dass wir unwillkürlich mitprotestieren: „Diese Letzten haben nur eine Stunde gearbeitet, es ist nicht richtig, dass sie genauso viel bekommen wie wir!" Die Geschichte Jesu vom Gutsbesitzer läuft mit voller Absicht so, dass wir aufbegehren. So kriegt uns Jesus an den Punkt, den er klarmachen will: Gott ist viel mehr als ausgleichende Gerechtigkeit, er ist unverdienbare Güte.

Ein Denar als Tagessatz – wir erinnern uns – bedeutet Gewährleistung des Lebens. Der Lohn besteht also in der Abdeckung aller Bedürfnisse. Auch der Letzte kommt in den vollen Genuss des Gotteslohns.

Und das ist es, was die Ersten ärgert. Sie finden es unerhört, dass die Letzten das Gleiche bekommen wie sie. So gönnen wir, die Braven, heute schon den weniger Braven nicht, dass sie mit uns im Himmel sein werden, wenn sie am Schluss des Lebens noch die Kurve kriegen. Wir beschweren uns, dass die, die nur halb so viel ausgehalten, nur ein Zwölftel so viel getan, nur einen Bruchteil ihrer Möglichkeiten für das Reich Gottes eingebracht haben, genauso gestellt werden wie wir.

Jesus macht mit diesem Gleichnis vom Gutsherrn auf die ärgerlich große Güte Gottes aufmerksam. Gott ist viel, viel gütiger, als wir Menschen es für richtig finden.

Dabei geht uns nicht das Geringste ab, wenn Gott auch den letzen noch daher geschlichen kommenden krummen Hund uns gleichstellt! Mehr als den vereinbarten Himmelslohn kann's doch gar nicht geben – was wollen wir eigentlich? Und darf Gott im übrigen mit dem, was ihm gehört, nicht machen, was er will?

Wie wollen wir, die wir dem Nachbarn die Wohnung nicht gönnen, nach der er nur halb so lange suchen musste wie wir, wie wollen wir, die wir scheel auf den Mitschüler schauen, der mit viel weniger Examensvorbereitung die gleiche Note erreicht wie wir, wie wollen wir neidlos mit ansehen, dass bei Gott viele Menschen noch Chancen haben, die sie nach unserem Ermessen gar nicht mehr haben dürften? Wer sich die Neiderei des Alltags nicht abgewöhnt, wird sich an der Güte Gottes nur stoßen und mit ihr vielleicht noch große Probleme bekommen.

Denn Gott rückt, wie wir diesem Gleichnis entnehmen können, wegen unserer Missgünstigkeit von seiner Praxis, Gnade vor Recht ergehen zu lassen, nicht ab. Davon können wir ihn nicht abbringen. Aber er kann uns abbringen: von herzlos-kalter Berechnung der Gottesanteile, die wir einander gerade noch zugestehen. Je mehr Gott uns zu fassen bekommt, desto weniger werden wir eifersüchtig sein auf die unverdientermaßen Hochgekommenen, desto eher werden wir Freude empfinden über jeden, an dem Gott Belohnenswertes findet.

10. Prioritäten setzen

Der Mehrwert des Zuhörens
Lk 10,38-42

Wie einfach wäre Martha aus dem Schneider gewesen, wenn sie zu ihrer Schwester gesagt hätte: Bleibe du bei ihm, ich sorge für den Tisch, lass dir kein Wort entgehen, nachher erzählst du mir, was er dir gesagt hat.[22] Hätte sie's gesagt, wäre freilich der Satz Jesu „Maria hat den besseren Teil gewählt" nicht gefallen und die ganze Episode nicht aufzeichnenswert gewesen.

Das aber wäre schade, denn dann hätten wir keinen Anhaltspunkt dafür, was wichtiger ist: Aktion oder Kontemplation, Hinlangen oder Hinhören, Weltdienst oder Gottesdienst, Küche oder Kirche. So ungefähr schält sich doch der Gegensatz heraus: Martha will etwas tun für Jesus, Maria will ihm zuhören. Die eine setzt sich zu Jesus hin, die andere setzt sich für ihn ein, könnte man sagen. Und dann erklärt Jesus das Ihm-zu-Füßen-sitzen für besser als das Ihm-aufwarten.

Sind damit die Würfel gefallen? Ist der Martha in uns, ist den Marthanern unter uns nicht gesagt: Maria hat den besseren Teil erwählt? Hat damit nicht Jesus höchstselbst festgelegt: Gebet geht vor Arbeit, Kirchgang vor Caritas, Bibelgespräch vor Gemeindefest?

---

[22] So denkt sich das für den Fall eines neuerlichen Besuches Jesu aus: H. SPAEMANN: *Drei Marien.* Freiburg 1985, S. 80.

Augustinus sagt: Der Herr hat nicht das Arbeiten missbilligt, sondern die Aufgaben geteilt.[23] Er hat keineswegs Martha veranlasst, ihre Arbeit fahren zu lassen und sich wie ihre Schwester zu seinen Füßen zu setzen. Das stimmt. Und es stimmt irgendwie auch, dass Jesus nichts gegen eine Aufgabenverteilung hat; Martha soll ruhig das Essen machen – für wen tut sie's denn, wenn nicht für Jesus! Nur: Das, was Maria tut, ist das Bessere. Wörtlich heißt es sogar: ist das Gute. Eines nämlich nur ist notwendig, und das ist das, was Maria tut. Aug und Ohr für ihn zu sein, ist das Gebot der Stunde, und nicht, sich am Herd zu schaffen zu machen. Es hilft nicht, sich damit herauszureden, dass das in abstracto Bessere nicht für jeden das Bessere ist. Auf das, was Martha tut, kann verzichtet werden, auf das, was Maria tut, nicht.

Ob's uns also recht ist oder nicht: Es handelt sich bei der Aufgabenteilung nicht um eine Teilung gleichwertiger Aufgaben. Damals nicht und heute nicht. Das Verweilen bei Christus ist notwendig, die Arbeit für ihn nicht. Wenn wir die Aussageabsicht dieses Evangeliums nicht verfälschen wollen, muss Martha anerkennen, dass nicht sie, sondern Maria das Entscheidende tut und gespitzte Ohren Reich-Gottes-näher sind als aufgekrempelte Ärmel.

Das hängt damit zusammen, dass das, was wir von Gott bekommen, ungleich wichtiger ist als das, was wir ihm geben. Die Inspiration trägt die Aktion, das Handeln folgt dem Sein. Das Hören auf Gott macht mich überhaupt erst zu dem, der in seinem Sinne handeln kann. Deshalb geht die Einlassung auf

---

[23] Sermo 104, n. 3, zit. bei J. MAUSBACH: *Die katholische Moral*. Köln 1901, S. 119; vgl. dort auch das Folgende.

Christus der Einlassung auf die Arbeit vor – immer dann, wenn „Besuchszeit" ist. Die Arbeit darf ruhen, wenn Gelegenheit zum Tête-à-tête besteht. In diesem Sinne ist der Sonntag der Tag des Herrn.

Mein Namenspatron, der heilige Christophorus, soll einen Einsiedler gefragt haben, worin denn, wenn er Christ würde, seine Arbeit bestünde. Er solle beten, sei die Antwort des Einsiedlers gewesen. Christophorus hätte dann gesagt, Beten läge ihm ganz und gar nicht, ob es nicht auch etwas anderes gäbe. Da habe der Einsiedler den baumlangen Mann von oben bis unten angeschaut und dann gesagt: Du kannst Gott auch dienen, wenn du die Leute über den Fluss trägst. Manchen von uns wird dieser Bescheid gefallen, weil sie vom Typ her eher eine Martha als eine Maria sind. Ihr weltlicher Dienst wäre dann wie bei Christophorus ein Ersatzdienst, ein Ausweg, weil ihnen das Hineinknien in einen weltlichen Dienst leichter fällt als das Hinknien vor dem Altar.

Der heilige Benedikt hat in seiner Ordensregel das „Bete" und das „Arbeite" zusammengefasst und wie zwei Teile eines Ganzen behandelt. Bei den Mönchen sind nicht die einen für das Beten und die anderen für das Arbeiten zuständig; alle sind für beides da. Keine Aufgabenteilung also, nicht einmal von einer hälftigen Zeitteilung ist die Rede, den halben Tag beten, den halben Tag arbeiten. Nur der Wechsel, der Rhythmus ist festgelegt, und dass dem Gebet nichts vorgezogen werden darf.[24]

---

[24] Vgl. Die Klosterregel des heiligen Benedikt, Kap. 43.

Nicht in einem Mehr an Zeitaufwand zeigt sich die Priorität des geistlichen Lebens, sondern darin, dass das Weltliche vom Geistlichen durchschossen, durchherrscht wird, und zwar bei allen. Zumindest uns Weltleuten wäre mit dieser Lösung gedient, der Lösung, die da lauten würde: nicht immer nur Martha, unbedingt auch Maria sein. Der Aufblick zu Christus ist das Entscheidende,[25] das Sich-zwischendurch-zu-ihm-setzen und Auf-ihn-hören. Das bringt Zug ins Tagwerk, das bringt Motivation ins Lebenswerk, und so geschieht – um eine Wortschöpfung Nietzsches zu gebrauchen – die „Einverseelung"[26] Gottes in die Welt.

---

[25] „Uns scheint „die Zeit zu reuen, die wir Dir schenken, als könnten wir nützliche Arbeit verrichten, ehe wir Jegliches von Dir empfangen haben." (M. BLONDEL: *Tagebuch vor Gott*. Einsiedeln 1964, 7.10.1891.)
[26] F. NIETZSCHE: *Jenseits von Gut und Böse* (1886). Stuttgart 1959, S. 285.

Für alle, aber nicht für jeden
Lk 13,22-30

Das Interessanteste an diesem Evangelium ist nicht das, woran wir zunächst am ehesten hängen bleiben.

Wir fragen wohl immer wieder danach, ob es viele oder wenige sind, die in den Himmel kommen. Wirklich umtreiben tut diese Frage aber kaum jemand. Sie zeigt nur unsere Neugier an. Wer von uns fühlt sich denn existentiell betroffen?! Für uns persönlich nehmen wir als selbstverständlich an, dass wir hineinkommen. Wenn es Eintritt in den Himmel gibt, dann auf jeden Fall für *uns*. Das ist es, was wir als Antwort hören wollen; wir tun nur so, als ob uns wichtig wäre, wie viele insgesamt hinein kommen; mehr als der Wunderfitz, der uns auf Erden schon durch Schlüssellöcher gucken lässt, ist da selten am Werk.

Eher als wie viele hineinkommen, beschäftigt uns, wer alles hineinkommt und wer nicht. Für unsere Lieben hoffen wir, dass sie hinein kommen, und wir beten darum, weil wir sie drin haben wollen, weil wir sie wieder sehen wollen. Im Gegensatz zu ihnen möchten wir gewissen anderen Menschen nicht mehr begegnen. Da wär's uns gerade recht, wenn sie nicht hineinkämen. Und wenn wir wüssten, dass sie doch hineinkommen, überlegten wir uns, ob wir dann selber noch hineinwollen. Wie geht der nette Vers von Eugen Roth?

> „Ein Mensch schaut in der Straßenbahn
> Der Reihe nach die Leute an:
> Jäh ist er zum Verzicht bereit
> Auf jede Art Unsterblichkeit."

Jesus serviert alle neugierigen und alle überflüssigen Fragen ab und sagt: Kümmere du dich darum, dass *du* hinein kommst!

Und dazu eine doppelte Mahnung: Pass auf, die Tür ist eng, und sie wird irgendwann geschlossen. Also erstens: Nimm dich zusammen!, und zweitens: Bummle nicht!

Auch das erschüttert uns nicht wirklich. Eine gewisse künstliche Aufregung meinen wir allerdings, uns schuldig zu sein, wie Eltern, die beim Elternabend in der Schule wild werden, wenn man daran erinnert, dass das Schuljahr nicht ewig geht und die Kinder mit so und so vielen Fünfern nicht versetzt werden. Als ob das nicht klar wäre! Als ob man je hätte davon ausgehen können, dass man in den Himmel mit dem Billigflieger kommt und auch das noch, wenn er schon abgeflogen ist!

Leider gehen diese Warnungen bei den Menschen zum einen Ohr hinein und zum anderen hinaus und verfangen nur bei denjenigen, die das Christentum einer Drohbotschaft zu beschuldigen und ihm einen Strick daraus zu drehen suchen.

Das eigentlich Interessante in diesem Evangelium ist nicht das, worauf sich die Neugierde und das Echauffierungsbedürfnis stürzen, sondern etwas ganz anderes: die amtliche Mitteilung der Öffnung des Himmels für jedermann. Das ist wie: Auch wer nicht zur königlichen Familie gehört, darf in den Buckingham-Palast einziehen, auch wer nicht Aktionär ist, wird an der Dividende beteiligt, auch wer Ausländer ist, bekommt die deutsche Staatsbürgerschaft, selbst wenn er kein Wort Deutsch kann.

So wie diese Dinge einschlagen würden, müsste das Wort Jesu einschlagen: Sie werden von Osten und Westen und von Norden und Süden kommen und im Reich Gottes zu Tisch sitzen. Das bedeutet, dass es am Himmel keinerlei Exklusivrechte gibt. Es gibt keine Privilegien, keine Reservierungen, keine Vorab-Zusagen, keine Familiennachzüge, keine Mitgliedsausweise, nichts dergleichen. Jedermann steht der Himmel offen. Nur: hineinpassen muss man und rechtzeitig da sein. Darüber aber, ob man hineinpasst und wann Torschluss ist, entscheidet Gott mit der Weisheit, mit der er seine pädagogischen Ziele verfolgt.